맛과 멋이 있는 낭만의 카페

박성찬 지음

가림출판사

늘 바쁘고
무엇엔가 쫓기는 듯한 삶을 살아왔다.

온종일 컴퓨터와 씨름하면서 보내는 삭막한 일상에서 탈피하여
언제부터인가 서울근교로 나섰고
그렇게 한적한 카페를 찾았었다.

카페에서 잠시 쉼은
나에게 생각할 수 있는 여유를 주었고
나의 삶을 잠시 되돌아볼 수 있는 여유도 주었으며
그러한 생활이 나의 가치기준까지 변화시켜 주었다.
또 소중한 분들을 만날 수 있는 행운은 물론
카페에서 느긋하게 마시는 한잔의 커피는
마음의 평화를 주고 나에게 또 다른 행복으로 다가왔다.

그러한 삶 속에 만난
석천산방의 오두환 방장님, 하이디하우스의 차홍렬 촌장님,
그리고 물소리·풀벌레소리 이야기를 기꺼이 들려준 카페 주인님들이
이젠 나에게 가장 소중한 보물이 되었다.

서울 도심에도 분위기 있고 좋다는 카페가 많이 있다는 걸 알고 있지만
서울 도심에 있는 카페보다는
한 시간 거리에 있으면서
삶의 활력을 줄 만한 좋은 카페 몇 곳을 골라보았다.

물론 모든 사람들이
보는 관점에 따라 조금씩은 생각하는 것이 다르겠지만
남의 말 하기는 쉬워도 자기 말 하기는 어렵다고 하지 않은가?
요즈음엔 하늘 아래 새로운 것이 없기에 그 없는 새로운 것들을 만들어 내려는
글 쓰는 이들의 심정을 다시 한번 헤아리는 계기가 되었다.

생각이 다르고 느낌이 달라도 넓은 마음으로 이해해 주기를 바란다.

여기에 담겨진 카페들은
나에겐 유일한 낙(樂)이 되었고, 이렇게 특별한 계기가 되어
책으로 출간하게 되었다.

마감시간을 한참 넘기면서도 묵묵히 기다려준 가림출판사 이선희 부장님,
이번 일을 하면서 기꺼이 함께 동행해 주었던 고향후배인 조광호,
주말이면 어김없이 카메라를 메고 집을 나서는 이방인이자 방랑자(?)에게
따스한 미소를 던져주던 준영, 신영, 미숙 세식구에게 감사드린다.

2004월 8월

박성찬

C | O | N | T | E | N | T | S 차례

Cafe

가족과의 즐거운 나들이

여유로움이 있는 카페

석천산방

맑은 의미를 가진 돌, 맑은 계곡과 숲이 우거진 산, 인정이 가득한 방. 이러한 의미를 가진 석천산방(石川山房)은 그 이름부터가 남다르고 뜻 깊다. 감이 붉게 물들어가는 계절에는 파란 하늘을 보며 사랑하는 사람과 향기로운 커피를 마시고 바비큐를 구워 먹는 여유와 한가로움을 느낄 수 있는 곳, 겨울에는 주위가 온통 눈으로 덮여 있어 카페의 산책로에 나가서 산책

을 하지 않더라도, 햇볕 따스한 창가에 앉아 향기로운 차와 함께 일상의 시름을 털고 진실된 마음으로 정 깊은 이의 따뜻한 가슴을 느끼며 묻어 둔 이야기를 나눌 수 있는 곳.

경기도 곤지암에서 양평쪽으로 난 자그마한 길, 열미계곡을 따라 가다보면 그림 같은 통나무집, 석천산방을 만날 수 있다.

이곳은 사방이 모두 산으로 둘러싸여 있어서인지 창가에 앉으면 하늘이 더욱 파랗고 높게 다가온다.

산과 파란 하늘, 맑은 공기, 그리고 적막함을 사랑하는 사람들에게
또, 마음이 따뜻한 사람들에게 차 한잔을 대접하고 싶은 주인의 따뜻한 마음
때문인지 마치 별장을 찾은 듯 편안한
기분이 느껴진다.

카페를 단순히 커피나 차를 판매하는 곳, 차를 마시는 곳으로 운영하지 않고 마치 고향집처럼 정이 물씬 풍기고 여유와 기쁨을 누릴 수 있게 함으로써 이곳에서 처음 만나는 사람들끼리도 쉽게 친해지게 만든다.

카페 외관은 독수리가 비상하는 모습으로 모두 통나무로 만들어져 있고, 내부도 통나무로 꾸며져 있어 내추럴한 분위기를 살리고 있다.

2층에는 3천 여 권의 단편소설은 물론 만화까지 준비되어 있어 마치 북카페를 연상시킨다. 사람들은 이곳 서재 겸 다락방에서 마음대로 책을 뽑아 읽으며 조용한 시간을 보낼 수도 있다.

카페 바로 옆 넓은 공터에는 가족이나 연인끼리 운동도 할 수 있는(족구, 농구 등) 공간도 준비되어 있고, 아담한 감나무 과수원도 만들어져 있어 가을에는 감도 직접 딸 수 있다. 뿐만 아니라 카페 옆 한켠에 멋지게 자리하고 있는 버섯모양의 펜션도 인기가 좋다. 황토방으로 되어 있고,

실내는 편안하고 아늑한 분위기를 자아낸다.
식대와 입실료로 1인당 2만원만 내면 식사와
숙박이 해결되므로 합리적이고 저렴한 것도
이곳의 또 다른 매력이다. 40명까지 수용할
수 있는 커다란 방까지 준비되어 있어 대학
의 동아리모임은 물론 각종 단체모임이나 회
사의 워크숍 장소로도 인기가 좋으며, 숙박
료를 대신해 저녁 식사와 아침 식사를 무료
로 제공하고 있다.

GUIDE | 카페가이드

 **메뉴** 원두커피 5천원, 석천정식 2만 5천원, 생과일주스 8천원, 녹차 5천원, 산채비빔밥 1만 2천원, 스파게티 1만 5천원, 객실(4인기준) 1인당 2만원(1박＋2식)

 **좌석 수** 80석

 **주차공간** 별도의 주차장이 잘 확보되어 있으며 150대 정도를 수용할 수 있다.

 **주소** 경기도 광주군 실촌면 중열미리

 **전화** (031) 769-0366

 **찾아가는 길**
중부고속도로 곤지암 톨게이트로 빠져나와 이천 방향으로 접어든 뒤 1.5km 정도 직진하여 만나게 되는 곤지암 사거리에서 양평 방향으로 좌회전, 다시 2km 정도 가면 상열미다리를 만나게 된다. 이 다리를 건너자마자 바로 좌회전(석천산방을 알리는 이정표가 있음)하여 이정표를 따라 2km 정도 계곡을 따라 들어서면 바로 길가 왼쪽에 자리 잡고 있는 웅장한 석천산방을 만날 수 있다(수시로 석천산방을 알리는 표시가 잘되어 있음).

고모리 691

고모리 카페촌의 가장 안쪽 고모리 저수지 가장자리에 자리 잡고 있는 이곳은 고모리 카페촌을 대표하는 곳이기도 하며 고모리 카페촌의 상징 같은 카페이기도 하다. 지금은 많은 카페들이 모여 카페촌이 형성되어 있는 이곳 고모리에서 처음 문을 연 고모리 691은 주소 그대로를 상호로 사용하고 있어 인상적이다.

이곳은 무척 규모가 큰 카페인데, 고모리 저수지 바로 곁에 위치하고 있어 주말이면 자리가 없을 정도로 찾는 이들이 많으며, 특히 카페와 저수지 사이의 넓은 잔디밭엔 파라솔과 야외공연장까지 갖추어져 있다. 3천5백 여 평의 넓은 대지에 운치 있는 고모리 저수지를 전망 삼아 모두 3개 동의 건물과 야외무대가 설치되어 있는 넓은 잔디정원으로 이루어져 있고, 건물은 카페 '해피데이'와 피로연 · 약혼식 등의 규모가 큰 행사를 치를 수 있는 '럭시먼디', 그리고 문화공간인 '마홀'로 구성되어

있다. 이곳은 주변경관이 너무 아름다워 웨딩사진 촬영장소는 물론이고
영화나 드라마 촬영지로도 자주 이용되고 있다.

그 중에서도 통유리창의 카페인 '해피데이'가 가장 분위기가 좋은데,
저수지가 한눈에 다 들어오고 바로 옆 라이브 홀에서는 매일 오후 2시
부터 11시까지 펼쳐지는 하우스밴드 공연을 실내에서도 그대로 감상할
수 있다. '마홀'은 다양한 문화공간을 제공하고 고모리 지방문화발전에
이바지하기 위해 특별히 만들어진 공연장으로 연중 각종 문화행사가 열
리기도 한다. 소극장 150석과 500여 평의 야외무대에서는 현대무용, 연

극, 마임, 도예전, 연주회, 오페라 등 격조 높은 행사가 수시로 열리고 있다.

고모리 691은 바로 옆의 텃밭에서 유기농으로 직접 재배한 채소를 재료로 사용하기 때문에 신선한 요리를 먹을 수 있을 뿐만 아니라 싱싱한 해물 요리 또한 별미이다.

겨울에는 벽난로에서 감자와 고구마를 구워 나누어 주기도 한다. 바로 앞 저수지에서는 1만원 정도의 요금으로 하루 종일 낚시도 즐길 수 있으며, 넓은 잔디정원은 산책하기에 좋고 날씨 좋은 주말과 휴일에는 이곳에서 열리는 야외결혼식을 구경할 수 있는 행운까지 얻을 수 있다.

G UIDE | 카페가이드

 **메뉴** 안심스테이크 3만원, 해산물 스파게티 1만 2천원, 커피 6천원

 **영업시간** 오전 9시부터 새벽 1시까지

 **좌석 수** 300석

 **주차장** 500대

 **라이브** 낮 2시부터 자정까지

 **전화** (031) 541-9691

 **주소** 경기도 포천군 소흘읍 고모리 691번지

 **찾아가는 길** 고모리 카페촌에서 제일 안쪽에 자리 잡고 있는데, 고모리 저수지 바로 입구에서 왼쪽으로 나 있는 자그마한 도로를 따라 들어서면 쉽게 만날 수 있다.

커다란 통유리 너머로 시원스럽게 펼쳐지는 북한강이 정겨운

산모롱이

양평 서종면에서 왼쪽으로 잔잔하게 흐르는 북한강의 고즈넉한 정취를 감상하면서 청평대교 방향으로 천천히 가다보면 길가 오른쪽에 자리 잡고 있는 전통 초가집이 쉽게 눈에 들어온다. 이곳이 바로 옹기 전문가가 마련한 문화공간이자 화랑카페인 '산모롱이'다.

청학동 목수가 직접 지었다는 목조 건축물인 이곳은 카페라기보다 화랑의 의미가 큰 곳이다. 아름다운 정원이 있고, 석탑 사이의 돌계단을 하나하나 올라 격자 무늬의 미닫이 문을 열고 들어서면 가장 먼저 보이는 것이 이젤 위에 올려진 작품들이다. 시골집과 같은 토속적인 겉모습과 달리 안으로 들어서면 현대적인 분위기의 인테리어가 인상적이며, 밖의 정겨운 풍경을 만끽할 수 있는 커다란 통유리가 있어 답답한 느낌을 주지 않는다. 넓은 공간은 나무로 만든 테이블이 놓여 있는 입식 공

간과 안쪽 벽난로 옆에 온돌로 꾸며진 좌식 공간으로 나뉘어져 있다. 여기에 물레방아와 싸리나무를 이용한 공간 인테리어가 분위기를 더해주고 있으며, 겉에서 느끼는 느낌 그대로 전원적인 분위기를 만끽할 수 있다.

음식이 담겨지는 모든 그릇과 컵들은 모두 옹기로 만들어져 있다.
이곳 주인인 옹기전문가가 그것들을 하나하나 직접
만들었다고 하는데, 그래서인지 더욱 독특하고 마치 하나의
예술작품을 보는 듯 인상적이다.

조금은 길가 높은 곳에 자리 잡고 있어 창가에서 내려다보이는 바로 길 건너 북한강의 정경은 분위기만큼이나 일품이며, 마치 한 폭의 동양화를 연상시킨다.

Cafe

이곳 '산모롱이'를 찾는 가족 손님이나 여자 손님에게는 원할 경우 편
안히 하루를 쉬어갈 수 있도록 1박을 무료로 제공하고 있다.

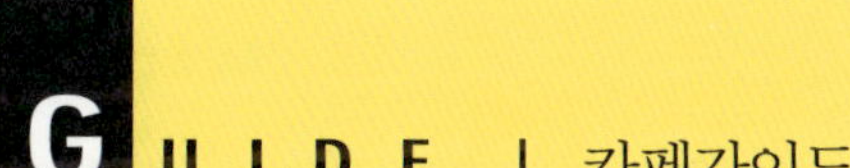

GUIDE | 카페가이드

 **메뉴** 북한강 민물수제비 전골 2만 5천원, 닭도리탕 3만 5천원, 닭백숙 3만 5천원, 옻닭 4만원,
커피 5천원, 대추 · 모과 · 유자차 5천원

 **영업시간** 오전 9시부터 밤 11시까지(주말은 새벽 3시까지)

좌석 수 80석

 **주차장** 50대

 **전화번호** (031) 773-2556 **예약** 가능

 **주소** 경기도 양평군 서종면 문호리 571번지

 **찾아가는 길**
서울에서 양평 가는 도로를 따라 가다가 청평 · 가평 방향으로 진입한 뒤 바로 만나게 되는 서종
면 사무소에서 청평 방향으로 3분 정도만 올라가면 바로 큰길가 오른쪽에 위치하고 있다.

예마당

아 름다운 남한강 팔당호 부근에 자리 잡고 있는 '예마당'은 송이버섯 모양의 특이한 건물모습이 돋보이는 복합예술공간이다. 2천5백 여 평의 넓은 부지 위에 세워진 종합예술공간인 이곳은 1997년 초에 문을 열었으며, 마치 만화영화 속의 스머프 하우스를 연상시키는 독특한 건물은 잘린 소나무 위에 황토로 작품을 만들 듯 8개의 송이버섯 모양으로 만들어졌다.

탁 트인 넓은 공간과 하나하나 특별한 작품처럼 특징 있게 차별화된 공간들,
그리고 각종 실내외 행사 및 재미있고 온 가족이 같이 참여할 수 있는
이벤트와 덧붙여 다양하고 뛰어난 맛의 차와 식사가 가능한 곳으로
소문난 곳이기도 하다.

큰 강줄기에 어우러져 흐르는 작은 호수를 끼고 있는 이곳은 주변 환경도 일품인데, 큰길가에서 약간 떨어져 있어 조용하고 고즈넉할 뿐만 아니라 천혜의 자연 풍광을 즐길 수 있어 가족이나 연인들의 하루 나들이길로 좋은 특별한 장소이다.

일단 예마당을 방문하면 도예 체험실과 갤러리와 각종 전시물과 잘 꾸며진 조경시설에 놀라게 되며, 격조 있고 고급스러운 인테리어와 분위기, 그리고 고전적인 벽화로 이루어진 공간과 여기저기 곳곳에 전시되어 있는 각종

전시 작품들, 넓고 편안한 테이블과 소파도 인상적이다. 이곳은 특별한 이벤트와 가족이 모두 함께 참여할 수 있는 도예 체험장이 있어 더욱 눈길을 끈다. 먼저 도예 체험은 1일 회원으로 5천원만 지불하면 1kg의 흙이 제공되고 본인이 직접 작품을 만들 수 있다. 혼자 만들기 힘들 경우에는 바로 옆에서 함께 만들고 있는 전문가에게 자문을 구할 수 있고, 작품이 완성되면 초벌 → 유약 → 재벌까지 모두 이곳에서 책임지고 해준다. 마지막으로 작품이 만들어진 뒤, 약 이틀 뒤에 완성품을 가져갈 수 있다. 이 도예 체험은 보통 오전 10시부터 밤 10시 사이에 할 수 있다. 또 재미있는 것은 매일 공연되는 라이브 연주인데, 감미로운 색소폰 연주 위주의 라이브 공연이 오후 1시 30분부터 열리고 있다. 기타 문화

공연으로는 매주 토·일요일 오후 4시, 8시에 팬터마임·연극·퍼포먼스 등이 펼쳐지고 있다.

또 하나 이곳에서 자랑하는 연인들을 위한 특별한 행사도 있는데, "사랑의 무대"란 이름으로 사전에 신청하면 연인에게 프로포즈나 사랑고백을 성공적으로 할 수 있도록 도와주는 도우미 역할 행사도 개최하고 있다.

GUIDE | 카페가이드

영업시간 오전 9시 30분부터 새벽 4시까지

좌석 수 400석

주차장 50대

전화번호 (031) 774-0307

주소 경기도 양평군 양서면 대심리 145-3

찾아기는 길
서울에서 양평까지 이어지는 6번 국도를 따라 가다가 양평 초입의 만남의 광장 바로 못 미쳐 우측 골목 안으로 접어들어 200m만 들어가면 된다. 이정표가 잘되어 있어 찾기 쉽다.

글라우스

북한강가에 우뚝 서 있는 독특한 우주선 모양의 건물이 인상적인 '글라우스' 는 창 밖으로 보이는 북한강변의 정취를 느낄 수 있는 분위기 좋은 카페이다. 강변에 마치 UFO가 내려앉아 있는 듯한 이 이색적인 카페는 이곳을 지나는 모든 사람들의 눈길을 사로잡고 있으며, 독특한 건물모양 때문에 건물을 구경하려고 일부러 찾아오는 손님이 있을 정도라고 한다.

'글라우스' 는 창 밖으로 펼쳐져 있는 유유히 흐르는 강과 산이 장관을 이루고 있고, 특히 바로 옆에 강을 끼고 우뚝 서 있어 더욱 감미롭고 낭만적인 분위기를 연출한다. 건물의 겉모습에서 보여지는 조금은 차갑고 딱딱한 이미지는 안으로 들어서면 여지없이 무너지게 된다. 실내는 원형으로 되어 있어 아늑한 공간감을 느낄 수 있고 창가와 내실로 구분되는 파티션은 아치형으로 꾸며져 있어 편안하고 아늑한 분위기를 느낄 수 있다. 또 실내 중간에 자연 채광이 들어오도록 공간을 만들어 놓았고, 주위에는 위성안테나같이 조명이 비추도록 되어 있다.

이탈리아풍 스타일로 모두 21개나 되는 원형 테이블이 놓여진 웅장한 실내분위기에 랍스터·안심스테이크·스파게티·휠레미뇽과 최고급 와인 등 다양한 메뉴를 함께 즐길 수 있고, 손님의 기호에 맞추어 한식류도 즐길 수가 있어 맛과 멋이 공존하는 곳이라 할 수 있다. 큰길가에서 카페까지 이어진 넓은 공터도 시원한 느낌을 주며, 넓은 주차장과 아

늑한 정원, 그리고 카페를 포함한 리조트까지 함께 하고 있는 이곳은 기업연수·MT·워크숍 등을 위한 곳으로도 인기있는 장소이다. 펜션, 민박, 레크리에이션 시설과 약 3천 여 평의 부지에 잔디정원, 족구장, 가든 파티장은 물론이고, 수상레저와 등산, 물놀이 등 많은 즐길거리가 있어 가족과 함께 부담 없이 찾을 수 있는 종합레저타운이다.

GUIDE | 카페가이드

 **메뉴** 바다가재 10만 8천원(2인), 글라우스 정찬 A코스 5만 5천원, B코스 4만 5천원, 안심스테이크 3만원, 커피 6천원

 **영업시간** 오전 10시부터 새벽 6시까지

 **좌석 수** 60석

 **주차장** 100대

 **전화번호** (031) 585-3150　　**예약** 가능

 **주소** 경기도 가평군 외서면 삼회리 197번지

홈페이지 www.glausresort.com

 **찾아가는 길** 경춘가도를 타고 가다가 청평역에 도착하기 전 바로 우측으로 이어지는 신청평대교를 타고 넘어 가서 바로 우회전하여 2km 정도를 서종 방면으로 내려가다 보면 길가 오른쪽에 자리 잡고 있다.

토마토밸리

서울에서 양평까지 시원하게 달릴 수 있는 강변도로인 6번 도로를 타고 양평까지 온 뒤에 양평대교나 양근대교를 건너 바로 오른쪽으로 남한강의 멋진 정취와 함께 하면서 퇴촌 방향으로 드라이브를 즐기다 보면 가장 눈에 띄는 독특한 건물을 쉽게 찾을 수 있는데, 이곳이 바로 종합레저공간 '토마토밸리'이다. 맑고 푸른 남한강과 산이 어우러진 아름답고 멋진 풍경 속에 자리 잡고 있는 '토마토밸리'는 양평군 최초의 관광레저타운으로 지정된 곳이기도 하다. 마치 별장 같은 아름다운 2개의 건물로 이루어져 있고, "6가지 테마"라는 주제 아래 펜션과 카페, 도자기 체험실, 미술전시장, 야외공연장, 수상스키장, 그리고 멀지 않은 곳에 눈썰매장 카사밸리가 함께 하고 있는 종합레저공간이다. 때문에 가족 모두와 함께 편안하게 즐길 수 있고, 특히 남한강변이 바로 발 아래 그대로 내려다보이는 3층짜리 펜션은 5개의 가족 룸과 4개의 커플 룸이 갖추어져 있어 하룻밤 편안히 쉬면서 넓은 창을 통해 남한강의 멋진 경관을 그대로 감상할 수 있다.

도자기 체험과 미술작품이 가득한 갤러리카페에서는 강가의 여유로움을 만끽하면서 향기로운 커피도 즐길 수 있다. 특히 이곳은 커다란 창 너머로 흐르는 강물이 한눈에 보이는 아늑한 분위기의 고급스러운 카페이다. 깨끗하게 단장된 지중해식 실내 인테리어, 그윽한 커피향과 분위기만큼이나 잔잔하게 흐르는 감미로운 음악, 실내를 장식하고 있는 중견작가들의 그림과 조각들이 모두 멋진 조화를 이루고 있다.

이곳 '토마토밸리'에서 조금만 거닐면 마치 유럽의 풍차 나라를 연상시키는 3층으로 된 또 다른 멋진 건물인 가든이 자리 잡고 있는데, 이곳 1층 가든에서는 120명을 동시에 수용할 수 있는 넓은 공간에 미용 건강

식품이라고 하는 생버섯 음식점까지 자리 잡고 있어 먹거리를 위한 장
소로도 인기가 있다.

G UIDE | 카페가이드

 **메뉴** 생버섯 샤브잉상블 1만원, 생버섯 모듬샤브 1만 8천원, 토마토냉면 5천원, 해초비빔밥 7천원, 야외바비큐 9천원, 커피 5천원, 토마토 스페셜 칵테일 8천원, 팥빙수 8천원, 아이스크림 5천원

 **영업시간** 오전 10시부터 자정까지

 **좌석 수** 40석

 **주차장** 80대

 **라이브공연** 매달 정기연주회가 별도 행사로 열리고 있다.

홈페이지 www.tomatovally.co.kr

 **전화번호** (031) 774-0012~3　　**예약** 가능

 **주소** 경기도 양평군 강하면 전수리 495-13번지

 **찾아가는 길** 양평시내 초입의 양근대교를 넘어 남한강을 건너서 바로 오른쪽으로 이어지는 퇴촌 방향의 도로를 따라 10분 정도 가다보면 눈에 쉽게 띄는 인상적인 건물이 바로 길가에 자리 잡고 있다.

주변 볼거리 양평 바탕골 예술관이 가까이 자리 잡고 있다. 이 비탕골 예술관은 대학로에 있는 바탕골 예술관이 지난 1999년 양평에 마련한 마치 분점형식의 예술관이다. 남한강이 한눈에 내려다보이는 곳에 있어 자연경관이 뛰어나며 공연장, 미술관, 도자기 공방과 갤러리 카페가 모두 하나로 연결되어 있는 건물형태도 독특하다. 가족들을 위한 공연과 전시가 이루어지기 때문에 온 가족이 함께 들러 예술적 감각을 키우고, 도자기도 배우면서 잠시 쉬어갈 수 있는 편안한 문화공간이다〔 전화번호 : (031) 774-0745 〕.

훼밀리 레스토랑

골라 먹는 재미가 있다, 직접 뽑은 스파게티 면 맛이 일품인

림하우스

이 곳은 1천 여 평의 넓은 부지에 한식부와 양식부, 카페까지 갖춘 종합 레스토랑이라고 할 수 있다. 때문에 온 가족이 함께 부담 없이 찾을 수 있는 공간이다.

많은 카페들과 음식점이 즐비한 일산 백마 카페촌에서도 멋진 건물과 규모가 큰 카페로 우뚝 서 있는 이곳은 건물 전체가 폐침목과 폐전신주로 만들어져 있어 마치 통나무집을 연상시킨다.

레스토랑에서 식사를 마친 후에는 생음악이 흘러나오는 그윽한 분위기의 카페로 자리를 옮겨 향기로운 커피나 가벼운 음료를 들며 계속 정담을 이어나갈 수 있다.

식사를 위한 공간인 레스토랑은 찾는 이들이 식성에 따라 알맞게 선택할 수 있도록 한식부와 양식부로 나누어 운영하고 있으므로 취향에 맞는 음식을 마음껏 골라 먹을 수 있는 다양한 종류의 메뉴를 갖추고 있다는 장점이 있기도 하다.

많은 메뉴 중에서도 이곳에서 자랑하는 메뉴는 스파게티인데, 이곳에서는 인스턴트 면을 쓰지 않고, 직접 생면을 뽑아서 만들므로 더욱 맛이 좋다.

카페 '림하우스'는 도심 가까이 자리 잡고 있어 부담 없이 찾을 수 있고 바로 길가에 있어 더욱 눈에 쉽게 띄며, 넓은 주차장과 공간도 마련되어 있으므로 가족은 물론 연인끼리 찾을 수 있는 편안함이 가득한 카페이다.

GUIDE | 카페가이드

메뉴 A코스 5만원, B코스 4만원, C코스 2만 8천원, 랍스터(700g) 5만 5천원, 랍스터 정식 2만 8천원, 스파게티 1만원선, 커피 4천원, 칵테일 9천원

영업시간 오전 10시부터 자정까지

좌석 수 한식부 200석, 양식부 60석, 카페 80석

주차장 100대

전화번호 (031) 905-7100, 8100 **예약** 가능

주소 경기도 고양시 일산구 풍동 613번지

찾아가는 길 일산 백마촌에 자리 잡고 있다. 백마 카페촌을 가로지르는 도로를 따라 올라가다보면 쉽게 찾을 수 있다. 바로 큰길가에 있으며, 카페 '봉주르' 바로 곁에 있다.

아지오

카 페 앞을 지나는 이들의 눈을 자극하고 있는 아름다운 갤러리 카페 '아지오'는 이탈리아 말로 "아늑하고 편안한 집"이라는 뜻으로, 이름에서 알 수 있듯이 편안하고 매력이 있는 카페이다.

아름다운 건물과 정원, 그리고 갤러리 카페답게 정원에 멋지게 장식되어 있는 조각품들이 지나는 이들의 눈길을 끌고 있다.

아지오는 프랑스 남부지역의 모습을 그대로 보여주고 있다는 특별한 주제가 있는 갤러리 카페로 안으로 들어서면 아기자기한 유럽식 복합 문화공간을 그대로 재현하고 있다.

예술적 감동과 기쁨을 함께 즐길 수 있는 이곳은 여러 형태의 갤러리 카페 중에서도 조각 전문 갤러리 카페로서, 세계적으로 유명한 예술 조각 작품들은 물론 자연과 환경이 잘 조화되는 환경 조각품들도 감상할 수 있으며, 이 예술품들은 별도 마련된 환경 조각관에 전시되고 있나.

겉에서 보는 느낌 그대로 마치 내 집 거실 같은 편안한 분위기가 매력적

인 이곳은 무척 친절하고 보기에도 온화한 분위기가 가득 풍겨 나오는 주인의 따스한 배려에 기분 좋아지는 곳이다.

GUIDE | 카페가이드

 **메뉴** 커피 5천원, 국화차 5천원, 산딸기차 5천원, 아이스티 6천원

 **영업시간** 오전 11시부터 오후 8시까지　**예약** 가능

 **좌석 수** 40석

 **주차장** 8대

 **홈페이지** www.galleryagio.co.kr

찾아가는 길　양평에서 양근대교나 양평대교를 이용하여 남한강을 건너 바로 퇴촌으로 이어지는 88도로를 따라 퇴촌·광주 방향으로 10분 정도 가다보면 바로 큰길가 왼쪽에 자리 잡고 있는 카페 '아지오'를 쉽게 찾을 수 있다.

바다

정겨움이 가득한 도시민들의 휴식처인 백운호수에서 많은 이들로부터 회자되는 카페이기도 한 이곳 '배다'는 건물이 유람선 모양이고 주변 전경이 아름다워 백운호수 카페촌에 자리하고 있는 많은 카페들 중에서 단연 돋보이는 곳 중의 하나이다.

예전에 인기 최고였던 TV드라마 "태조 왕건"에서 궁예로 분한 김영철 · 이문희 부부가 직접 운영해 오고 있는 이곳은 겉모습이 배 모양이라 멋지기도 하지만 이곳을 찾는 모든 사람들의 기쁨과 사랑, 그리고 행복이 언제나 두 배가 되도록 바라는 마음에서 이름도 '배다' 라고 지었다고 한다.

그 중에서도 특히 2층은 좀 더 배의 분위기를 실감할 수 있도록 실내뿐만 아니라 야외 테라스도 멋지게 꾸며 놓아 날씨가 좋은 날에는 이곳에 앉아 바로 앞에 펼쳐져 있는 잔잔한 백운호수를 바라보면서 상념에 빠지거나 연인들이라면 멋진 데이트도 즐길 수 있다.

운치 있는 호수와 전원풍경이 펼쳐진 창 밖의 테라스에서 식사를 하면 마치 피크닉을 나온 듯한 기분이 절로 들며, 날씨가 좋은 날에는 햇살이 반짝이는 호수와 물위에 비친 산 그림자가 있어 분위기를 더해주고 있고, 비라도 오는 날에는 호숫물 위로 떨어지는 빗방울을 바라보며 잠시 상념에 빠져들 수 있는 여유를 마음껏 누릴 수 있다.

GUIDE | 카페가이드

 **메뉴** 스페셜 정식 2만 8천원, 안심스테이크 3만원, A코스 5만 5천원, B코스 6만 5천원, 커피 6천원, 차 7천원, 칵테일 1만원

 **영업시간** 오전 10시부터 새벽 1시까지

 **좌석 수** 90석

 **주차장** 40대

 **전화** (031) 426 - 5858 **예약** 가능

 **주소** 경기도 의왕시 학의동 621-2번지

 **찾아오는 길** 경기도 의왕시의 백운호수 카페촌에 접어들어 순환도로를 따라 오른쪽으로 접어들어 조금만 가다보면 바로 길가 왼쪽 호숫가에 자리 잡고 있는 카페 '배다' 를 쉽게 찾을 수 있다.

Cafe

특별한 주제가 있는

이색 카페

아미르티무르

웅장한 건물과 산뜻한 분위기, 그리고 외국풍의 이색적인 카페 '아미르티무르'는 운치 있는 인천 송도에 자리 잡고 있는 특별함이 있는 카페이자 레스토랑이다. 멀리서도 그 아름다움에 쉽게 눈에 띄는 이 건물은 마치 지중해의 어느 멋진 휴양지에 있는 건물인 양 매혹적이다.

이곳은 우리 나라에서는 유일하게 우즈베키스탄과 코카서스 지방의 전통음식을 즐길 수 있는 곳으로 안으로 들어서면 마치 코카서스 지방을 찾은 듯한 분위기와 잘 어울리는 인테리어, 장식품들, 그리고 우즈베키스탄 사람이 직접 서빙하고 있어 더욱 특별함을 느낄 수 있다. 푸른 눈의 이국적이고 아름다운 이방인들이 자기네의 멋진 고유의상을 입고 서비스하는 모습은 다른 곳에서는 쉽게 접할 수 없는 이곳만의 매력이기도 하며, 정말 그 나라에 있는 레스토랑에서 식사를 즐기는 느낌마저 드는 색다른 경험까지 할 수 있어 주말에는 가족과 함께 찾는 이들이 많다.

　처음 이곳을 찾는 사람들은 입구의 웅장한 석조 건물을 보고는 탄성
을 자아내는데, 이 건물은 우즈베키스탄의 왕궁을 그대로 본떠서 만들
었다고 한다.

그 웅장함을 뒤로 하고 안으로 들어서면 입구에서 다소곳이 서서 반겨주는 이방인들의 예쁜 웃음이 기분을 좋게 한다. 열대어들이 살고 있는 작은 개울은 물론이고 곳곳에 아름다운 도자기 인형들과 전통 장식물들이 잘 전시되어 있어 그것들을 바라보는 재미도 쏠쏠하다.

그 중에서도 가장 눈에 띄는 것은 우즈베키스탄의 왕이었던 "아미르티무르"가 입었던 의상이라고 하는데, 그 화려함과 웅장함은 그 앞에서 한참을 머무르게 할 정도이다.

이곳에서 즐길 수 있는 메뉴들은 이제까지 전혀 들어보지도 못했고 먹어보지도 못했던 특이한 메뉴들로서, 우선 치즈가 들어 있는 군만두인 '하차푸리', 그리고 호두와 찹쌀가루를 함께 넣어 끓였다고 하는 '비나그라드' 등이 우리 입맛에도 맞고 맛도 일품이다.

GUIDE | 카페가이드

 **메뉴** 사실릭(고기) 1만~2만원, 리뽀시까(빵) 2천원, 쁠로프 라이스 6천원, 카틱마시 5천5백원, 커피 4천원, 우즈베키스탄차 3천원

 **영업시간** 오전 11시부터 오후 11시까지

 **좌석 수** 130석

 **주차장** 20대

 **전화** (032) 832-9449 **예약** 가능

 **주소** 인천시 연수구 동춘동 811-14번지

 **찾아가는 길** 인천 송도 유원지 건너편에 있는 송도관광호텔 바로 옆에 자리하고 있다.

범선카페 K2 311

양평 남한강가에 우뚝 자리 잡고 있는 카페 'K2 311'은 중세 유럽풍 범선 모형으로 만들어진 이색적인 카페이다.

길가에서 조금 떨어진 곳에 있는 이 카페는 쉽게 그냥 지나칠 수도 있지만 조금만 관심을 기울여 길가에 우뚝 서 있는 이정표를 본다면 찾기는 쉬운 편이다.

넓은 공터와 주차장, 그리고 바로 앞에 유유히 흐르는 남한강의 정취는 이곳 범선카페와 함께 또 하나의 멋진 풍경이다.

웅장한 규모를 자랑하고 있는 범선은 카페 주인이 직접 설계하고 만들었다고 하는데, 안으로 들어서면 곳곳에 장식되어 있는 독특한 목각인형과 마치 영화에서나 봄직한 각종 모형 배뿐만 아니라 크기와 형태도 다른 세계 각국의 다양한 술병 등이 이색적이다.

이 범선은 길이 40m, 폭 8m, 높이 20m, 돛대 높이가 24m나 되는 웅

장함으로 처음 이곳을 찾은 이들의 탄성을 자아낸다. 배에 매달려 있는 선원들의 조각상이나 이색적인 복장을 한 종업원들도 눈길을 끈다. 해적 복장을 한 애꾸눈 선장의 뿔 나팔 소리를 들으며 입구에 들어서면 어깨에 칼과 총을 차고 있는 해적들의 안내와 서비스를 받게 된다.

범선 내부에는 구석구석 여러 가지 볼거리들이 전시되어 있는데,
크고 작은 모형범선, 바이킹 해적들이 사용했다고 하는
칼과 총, 그리고 망대, 밧줄, 그물들이 편안한 실내 분위기와
독특한 분위기를 만들어 기분이 좋아지게 한다.

주변의 산책로도 연인들의 데이트장소로 인기를 얻고 있는데, 매일 이곳 산책로를 이용하여 "보물찾기" 이벤트도 열리고 있다. 보물을 찾을 경우에는 이곳의 모양을 본뜬 모형범선을 선물로 주고 있다.

이곳의 또 다른 자랑거리는 누구나 라이브 무대에 설 수 있다는 것과 특별한 이벤트가 수시로 열리고 있다는 것이다. 먼저 라이브 무대에 서서 공연을 할 경우에는 음식값을 반으로 할인해 주고, 생일이나 특별한 사연 또는 축하할 기념일에 미리 얘기를 해놓으면 감격할 만한 특별한 이벤트를 열어주기도 한다. 또 영화상영, 모닥불 놀이도 매일 개최하는 이벤트 행사들이다.

G UIDE | 카페가이드

 **메뉴** 범선정식 3만 8천원, 함박스테이크 1만 4천원, 스파게티 1만 3천원, 한식비빔밥 9천원, 커피 6천원, 칵테일 8천원, 핫초코 7천원

 **영업시간** 오전 10부터 새벽 2시까지

 **좌석 수** 170석

 **주차장** 80대

 **라이브 공연**
주중 : 3시, 6시, 8시, 9시 30분, 11시 / 주말 : 3시, 4시 30분, 6시, 8시, 9시 30분, 11시

홈페이지 www.bumsun311.co.kr

 **전화** (031) 773-2311　　**예약** 가능

 **주소** 경기도 양평군 강상면 화양리 31-1번지

 **찾아가는 길** 양평에서 양근대교를 건너 왼쪽의 곤지암 방향으로 5분 정도를 가다보면 이곳을 알리는 이정표를 볼 수 있다. 이 이정표를 따라 왼쪽 소로로 접어들어 200m쯤 강변쪽으로 가면 쉽게 찾을 수 있다.

사랑터울

이름이 아름다운 카페 '사랑터울' 은 통나무와 흙벽으로 잘 꾸며진 카페이다.

미사리 카페촌을 지나 팔당대교를 건너 양평까지 이어지는 멋진 6번

도로를 따라 달리다가 가평·서종 방면으로 빠져나와 천천히 길가 왼쪽
으로 흐르는 북한강변을 바라보며 달리다 서종 입구에서 만날 수 있는
첫 번째 카페가 바로 이곳이다.

　벽난로 앞에는 고임목을 받치고 길다란 통나무 의자를 만들어 두어,
겨울에는 이 의자에 앉아 따스하게 피어오르는 벽난로의 장작불을 바라
보며 사랑을 키우는 연인들을 쉽게 볼 수 있다.
　또한 이곳에는 잔디밭과 콘도형 민박이 있어 하룻밤 조용하고 아늑한
곳에서 묵으며 잠시 일상에서 탈피하고 싶을 때 안성맞춤이다. 민박은
모두 22평짜리 방이 7개 있는데 침대가 있는 방과 거실, 주방, 목욕탕이
잘 갖추어져 있다.

'사랑터울'의 넓은 마당은 이곳 카페를 찾았던 사람이라면 오랫동안 기억에 남을 명소이기도 하다. 마당을 따라 담 주변에는 잔디와 소나무·단풍나무 등을 심은 화단이 있고, 특히 가을부터 초봄까지 마당에서 모닥불 주위에 모여 감자와 고구마를 구워 먹을 수 있다.

G UIDE | 카페가이드

 **메뉴** 한정식 1만 5천원, 가마솥 누룽지 8천원, 동동주 1만 5천원, 커피 5천원, 바비큐 요리 목살 1만원, 한우 2만원, 왕새우 5만원

 **영업시간** 오전 10시부터 오후 11시까지

 **좌석 수** 80석

 **주차장** 30대

숙박비용 주중 6만원, 주말 8만원

 **전화** (031) 771-6681

 **주소** 경기도 양평군 서종면 문호리 857-1번지

 **찾아가는 길** 미사리 카페촌을 지나 팔당대교를 건너 양평까지 이어지는 6번 도로를 따라 달리다가 가평·서종 방면으로 빠져나와 서종으로 접어든 뒤, 청평 방향으로 북한강 변을 바라보며 달리다 서종 입구에서 만날 수 있는 첫 번째 카페가 바로 이곳이다.

주변 볼거리 북한강가를 따라 청평쪽으로 조금만 올라가다 보면 가까운 곳에 벽계구곡과 이항로 생가가 있다. 벽계구곡은 9개의 골짜기가 만난다고 해서 그렇게 이름이 붙여졌다. 통방산과 곡달산 사이로 굽이쳐 흐르는 심산유곡이 또한 절정을 이루고 있는데, 이들은 노문8경의 하나로 꼽힐 만큼 경관이 아름답다. 또한 부근에 조선시대 때 성리학자 이항로의 생가가 있어 문화유적지로도 잘 알려져 있다.

지중해

멀리서도 쉽게 눈에 띄는 이색적인 외관이 매력적인 카페 '지중해' 는 양평 남한강가에 자리 잡고 있으며, 이름 그대로 지중해의 이국적이고 신비한 느낌 그대로를 만끽할 수 있는 카페이다.

마치 지구에 살짝 내려앉은 듯한 우주선 모양의 특이하고 독특한 건물이 돋보이는 이곳은 5개의 하얀 돔형 건물이 있다. 가운데 중앙의 큰 돔을 중심으로 좌우 2개씩 작은 돔들이 묶여져 있는 것이 마치 우주선을 연상시킨다.

안으로 들어서면 다소 좁은 통로와 낮은 천장, 그리고 정면에 그려진 벽화, 어두침침한 조명으로 인해 마치 동굴에 들어와 있는 듯 하다. 카운터를 지나 넓은 홀로 나서면 방금 지나 온 공간과는 전혀 다른 또 하나의 세계를 만날 수 있다. 이렇게 이색적인 건물의 외관만큼이나 내부 또한 신비롭고 이국적인 분위기와 인테리어로 눈길을 끈다. 중앙 메인 돔의 높은 천장에는 밤하늘을 그대로 느끼게 해주는 예쁜 별자리들이 그려져 있고 이집트 벽화, 그리고 한가운데 있는 분수대에는 우주를 상징하는 듯한 둥근 조각품까지 매달려 있어 더욱 묘한 분위기를 연출하고 있다.

이곳의 가장 큰 자랑거리는 바닥인데,

바로 발 아래 바닥은 비단잉어가 노니는 수족
관으로 되어 있어서 마치 바닷속에 들어온 듯
한 신비로운 느낌마저 불러일으킨다.

　이러한 이색적인 건물과 분위기뿐만 아니라
주변 경관 또한 매혹적인 모습을 자랑한다.
카페 바로 앞으로는 손에 잡힐 듯 남한강이
유유히 흐르고, 평온한 주변 경치까지 한눈에 바라볼 수 있다.

　2시간 간격으로 펼쳐지는 통기타 라이브 공연도 좋다. 카페 옆에는 모
터보트와 수상스키를 즐길 수 있는 시설까지 갖추어져 있는데, 이곳 지
중해에서 식사를 한 손님에게는 모터보트와 수상스키 20% 할인권이 제
공되고 있다.

GUIDE | 카페가이드

메뉴 A코스 5만원, 지중해풍의 바다가재 까슐레 2만 2천원, 안심스테이크와 포트와인 · 거위간
소스 2만 7천원, 스페셜 커피 7천원, 생떼밀리옹 5만원

영업시간 오전 11시부터 새벽 4시까지

좌석 수 137석

주차장 100대

라이브 공연 낮 4시 30분, 저녁 8시 30분, 밤 10시 30분, 12시, 1시 15분

전화 (031) 771-2541

주소 경기도 양평군 옥천면 아신리 433-1번지

찾아가는 길 양평까지 이어지는 6번 도로를 타고 가다가 남한강 휴게소를 바로 지나서 양평시내
초입 길가 오른쪽에 자리 잡고 있다.

멍스

우리 나라 라이브 카페의 대명사로 익히 알려진 미사리 카페촌에서 설마 이곳에도 애견카페가 있을까 하는 의구심을 멋지게 불식시켜 주는 카페가 바로 '멍스' 이다.

'멍스' 는 다른 애견카페와는 달리 부근의 다른 라이브 카페처럼 웅장하고 고급스럽고 멋진 경관을 자랑한다. 미사리에 자리 잡고 있어 서울과 경기 및 모든 지역에서 쉽게 찾아올 수 있어 애견을 사랑하고 좋아하는 사람들로부터 많은 사랑을 받고 있는 카페이기도 하다.

넓은 실내와 애견들이 마음껏 뛰어놀 수 있는 잘 갖추어진 야외운동장, 고급스런 분위기의 인테리어는 애견을 동반한 가족은 물론 애견과 함께 하지 못하는 사람들도 편안하고 아늑한 시간을 보낼 수 있게 해준다.

멋진 분위기와 인테리어 때문에 이곳 '멍스' 애견카페는 TV에도 자주 등장하곤 하는데, 바로 MBC "와우! 동물천하"와 "9마리의 악동클럽"이 그것이다. 방송 이후 애견 위탁과 입양으로 들어온 애견까지 총 19마리의 다양한 종류의 강아지를 이곳에서 만날 수 있다.

애견카페답게 강아지들을 위한 메뉴도 이곳에서 직접 만들어 판매하고 있으며, 강아지들과 실내에서 함께 생활하기 때문에 위생관리도 철저히 하고 있다. 이 애견카페에서는 특별한 이벤트도 재미있는데, 매주 일요일 저녁 8시부터 시작되는 빙고게임이 바로 그것이다. 이 게임에서 우승한 1, 2, 3등에게는 애견용품 등 다양한 상품을 주고 있다.

G UIDE | 카페가이드

 **메뉴** 떡볶이 1만원, 돈까스 1만 8천원, 커피 8천원, 아이스크림 1만 2천원
강아지 메뉴 닭가슴살 6천원, 부비또(닭가슴살＋모짜렐라치즈＋야채) 6천원

 **좌석 수** 80석

 **주차장** 20대

홈페이지 www.mungs.co.kr

 **전화번호** (031) 792-5573　　**예약** 가능

 **주소** 경기도 하남시 덕풍동 70-10번지

 **찾아가는 길** 미사리 라이브 카페촌 한가운데 있다. 미사리 카페촌의 큰길을 따라서 팔당대교방향으로 가다보면 바로 큰길가 오른쪽에 있는데, 심수봉 카페 다음에 있는 카페가 멍스 애견카페이다.

피라미드 모양의 건물 모습이 독특한

피라미드

양평에서 강을 건너 퇴촌 방향으로 가다보면 마치 이집트 사막에서나 볼 수 있을 법한 유난히 눈에 띄는 건물 하나를 쉽게 찾을 수 있다. 바로 피라미드 모양의 건물 모습이 독특한 카페 '피라미드'이다.

이곳은 기원전 2천5백 여 년 전에 이집트 룩소에 건설된 쿠프왕의 피라미드를 정확히 1/20로 축소하여 만든 카페로서 엷은 황토색 외벽에 독특한 구조를 가지고 있는 건물로 만들어져 있다. 이색적이고 특이한 건물형태 때문에 지나가는 사람들의 많은 눈길을 끌고 있으며, 또한 독특한 건물 모습을 보고 일부러 찾아오는 사람들이 있을 정도라고 한다.

피라미드 바로 옆에 역시 인상적인 건물이 함께 하고 있는데, 이 건물은 태양의 왕인 람세스가 그의 아내를 위해 지었다고 하는 아부심벨 신전을 1/13로 축소한 건물이다. 건물 앞 넓은 공터는 마치 피라미드가 서 있는 사막을 연상시키고, 안으로 들어가면 천장에는 별자리가 그려져 있다. 이 별자리는 저녁이나 오후 늦게 불이 켜지면 신비로운 분위기를

연출하며, 테이블마다 고대 이집트의 왕인 투탕카멘의 머리장식이 놓여
있다.

벽에는 실제 피라미드 내부에 있는 각종 조각품인 부조와 그림들이 그려져 있다.
이곳에서는 세계 최초의 종이라고 하는 파피루스와 기념품 컵도 전시하고 있는데,
원하는 사람에게는 저렴한 가격에 판매도 하고 있다.

부근의 경관도 장관인데, 바로 강 쪽 벽면이 온통 넓은 통유리로 되어
있어 이를 통해 보이는 남한강의 모습은 한가롭고 평화롭기조차 하다.
또 여름에는 남한강에서 수상레저를 즐기는 사람들을 한눈에 볼 수 있어
구경하는 재미까지 더해주고 있다.
정통 스타일을 고수한 스파게티가 이곳에서 자랑하는 맛있는 음식이다.

G UIDE | 카페가이드

 **메뉴** 바다가재 3만 5천원, 안심스테이크 2만 5천원, 스파게티 1만 3천원, 커피 5천원,
생과일주스 8천원, 칵테일 8천원

 **영업시간** 오전 10시 30분부터 새벽 2시까지

 **좌석 수** 50석　　　 **주차장** 50대

홈페이지 www.cafepyramid.co.kr

 **전화** (031) 774-3703　**예약** 가능

주소 경기도 양평군 강하면 전수리 561-4번지

 **찾아가는 길** 6번 도로를 타고 양평까지 가다가 양평시내 초입에 있는 양근대교를 건너
바로 오른쪽의 퇴촌 방향으로 천천히 가다보면 큰길가에 우뚝 서 있다.

인천 도심에서 잘 닦여진 도로를 따라 송도유원지 방향으로 신나게 가다보면 바로 큰길가 삼거리 한켠에 멋지게 자리 잡고 있는 범선을 쉽게 찾을 수 있는데, 이곳이 바로 범선카페 '엘도라도' 이다.

　웅장함과 멋진 모습을 자랑하는 '엘도라도 '는 '인천의 별천지' 라 불리며 젊은이들의 데이트장소로 각광을 받고 있는 송도에 있어 연인들이 송도에서 데이트를 할 때에는 꼭 들린다고 하는 곳이기도 하다.

넓은 주차장과 공터를 지나 이 카페에 다가서면 모두 2개의 층 구조로 만들어져 있는 웅장한 규모의 범선이 찾는 이들의 시선을 압도한다. 이 카페는 1층과 2층으로 되어 있지만 극장식으로 연결되어 있으며, 바로 왼쪽 길 건너에 있는 송도 앞 바다가 그대로 보여 안으로 들어서면 정말 배를 타고 항해하는 느낌이 든다.

이곳에서 자랑하는 또 하나의 프로그램은 바로 젊은이들이 좋아하는 라이브 공연이다. 매일 낮 1시 30분부터 무려 11차례의 라이브 공연이 계속 진행되고 있어 인천지역에서 라이브 공연하면 이곳을 떠올릴 정도이다. 다양한 메뉴 중 이곳에서 추천하는 메뉴는 가격도 그리 비싸지 않으면서 맛도 괜찮은 해산물 스파게티와 스페셜 정식이라고 한다. 그 중에서도 스페셜 메뉴는 이곳을 찾은 연인들이 즐겨 찾는 인기메뉴이다.

G UIDE | 카페가이드

 **메뉴** 스페셜 정식 3만 7천원, 런치스페셜 1만 7천원, 안심스테이크 3만 4천원, 해산물 스파게티 1만 6천원, 커피 9천원, 칵테일 1만 1천원, 허브차 9천원

 **영업시간** 오전 10시부터 새벽 4시30분까지

 **좌석 수** 120석

 **주차장** 100대

 **라이브 공연** 낮 1시 30분부터 새벽 1시 10분까지 11차례 공연

 **전화번호** (032) 834-4050 **예약** 가능

 **주소** 인천시 연수구 우면동 194-46번지

 **찾아가는 길** 인천 연안부두에서 송도 아암도 해상공원으로 가는 큰길가 삼거리 코너에 자리 잡고 있다.

맹인가수 이용복이 운영, 쟁쟁한 라이브 가수들의 멋진 공연을 만날 수 있는

양평공항

서울에서 올림픽대로를 타고 미사리 카페촌을 지나 다시 팔당대교를 건너 잘 가꾸어진 강변도로인 6번 도로를 타고 양평 방향으로 약 15분쯤 가다보면 바로 길가 오른쪽, 땅위에 사뿐히 내려앉은 듯 착륙해 있는 비행기 한 대를 쉽게 찾을 수 있다. 이 비행기는 실제로 활약했던 민간항공기로 기종은 미국 더글러스사의 DC-10기라고 하는데, 승객 320명을 태우고 시속 970km로 하늘을 날았던 무게 254톤의 여객기이다. 그러나 이 항공기는 이젠 더 이상 하늘을 나는 항공기가 아니고 남한강변에 우뚝 착륙해서 카페 겸 레스토랑으로 잘 꾸며진 '양평공항'이 되었다.

이 비행기는 1997년 미국의 한 항공사가 폐기한 것을 매입해서
81개의 조각으로 컨테이너에 나누어 싣고 부산항을 통해 들여왔다고 한다.
지금은 이곳 '양평공항'에서 바퀴 대신 6m 길이의 철골기둥이 동체를
받치고 있으나 기체나 실내 모두 예전의 하늘을 날던
그 모습 그대로 재현되고 있다.

실제 비행기를 그대로 옮겨놓아 카페로 운영되고 있는 그 특이함 때문인지 TV와 잡지 촬영이 자주 진행되고 있으며, 모두 132석의 좌석과 두 줄로 배열된 짐칸이 나란히 있어 실제 비행기와 똑같은 분위기를 주고 있다. 기내에서 영화를 보여주기도 했던 TV에서는 비행 관련 영상을 보여주고 있고, 비행기 창문 밖으로는 유유히 흐르는 남한강을 지상 7m 상공 위에서 지켜볼 수 있다. 비행기가 착륙해 있는 땅위 넓은 부지는 아름다운 정원으로 꾸며져 있고, 한켠에는 헬리콥터와 경비행기가 있는데, 이 비행기들은 실제로 시승까지 가능하다고 한다.

비행기에 탑승하듯 계단을 따라 안으로 들어서면 스튜어디스 복장의
종업원이 기내식 인사법으로 반갑게 맞이하고 있으며, 좌석 또한 비행
기의 좌석과 똑같다.

맹인가수 이용복이 운영하고
있는 것만으로도 특별한 이곳
에서 이용복과 백미현, 마음과
마음, 가람과 뫼, 권혁진, 박현
식 등 쟁쟁한 라이브 가수들의
멋진 공연도 관람할 수 있다.

GUIDE | 카페가이드

 **메뉴** 티본스테이크 3만 5천원, 정식A 3만 5천원, 안심과 오이새우 3만 2천원, 해물스파게티
1만 8천원, 치즈오븐 스테이크 1만 5천원, 까르보나라 1만 5천원, 커피 7천원, 빙수 1만 2천
원, 아이스티 8천원

 **영업시간** 오후 12시부터 새벽 1시까지

 **좌석 수** 320석

 **주차장** 60대

홈페이지 www.cafeair.com

 **전화** (031) 771-7471 **예약** 가능

 **주소** 경기도 양평군 옥천면 아신리 428번지

 **찾아가는 길** 서울에서 양평으로 이어지는 6번 도로를 따라 양평 방향으로 가다가 양평시내로
들어가기 바로 전 큰길가 오른쪽에 자리 잡고 있다.

로그인

나무향을 머금고 있는 듯한 통나무 카페 '로그인'은 북한강변에 위치한 강가가 내려다보이는 전망 좋은 카페이다.

북한강변의 카페 중에서도 강변과 가장 가까운 곳에 자리 잡고 있는 '로그인'은 2층에서 보면 땅이 보이지 않아 마치 배에 타고 있는 듯한 느낌이 든다.

이곳은 강 건너 공병부대가 바로 보이기 때문에 귀한 자식을 군대에 보낸 부모들이 가까운 곳에서 군인들의 도강훈련 과정을 보면서 군대에 보낸 아들을 떠올리고자 자주 찾는 곳이기도 하다.

다른 카페들과 차별화되는 '로그인' 만의 또 다른 특징은 바로 낚시인데, 카페의 베란다에서 바로 강물 낚시를 즐길 수 있다.

50여 가지의 원두커피와 30여 가지의 다양한 칵테일이 준비되어 있어 기호에 맞게 다양하게 즐길 수 있으며, 다른 카페에서는 쉽게 접할 수 없는 스위스 정통 요리인 퐁듀도 맛볼 수 있다. 쇠고기의 안심과 싱싱한 새우를 올리브유에 익혀 즉석에서 굴과 겨자로 만든 소스와 채소를 곁들여 먹는 퐁듀에는 와인과 커피가 무료로 제공되고 있다. 실내에 잔잔하게 흐르는 올드 팝도 은은한 분위기를 더해 준다.

GUIDE | 카페가이드

 **메뉴** 퐁듀 3만 5천원, 안심스테이크 3만원, 스파게티 1만 3천원, A코스 6만원, B코스 4만원, 로그인 커피 6천원, 블랙러시안 8천원, 생과일주스 9천원

영업시간 오전 10시 30분부터 자정까지

 **좌석 수** 100석   **주차장** 30대

 **전화** (031) 771 - 8808    **주소** 경기도 양평군 서종면 수임리 797-11번지

 **찾아가는 길** 양평으로 이어지는 6번 도로를 따라 양평 방향으로 가다가 가평 · 서종 방면으로 빠져나와 서종을 거쳐 청평대교 방향으로 가다보면 길가 왼쪽 북한강변에 우뚝 서 있는 로그인을 쉽게 찾을 수 있다.

주변 볼거리 가까운 곳에 가족과 함께 즐길 수 있는 맑은 계곡을 자랑하는 화야산이 자리 잡고 있다. 이 산은 신청평대교를 지나 양수리 방면으로 가다보면 왼쪽에 자리 잡고 있는 그리 높지 않은 나지막한 산인데, 산을 오르는 등산로 양옆으로 나무들이 울창하며, 이 나무들 사이를 산책하는 기분으로 가볍게 오를 수 있다. 계곡물이 깨끗해서 여름에는 가족끼리 물놀이도 즐길 수 있다.

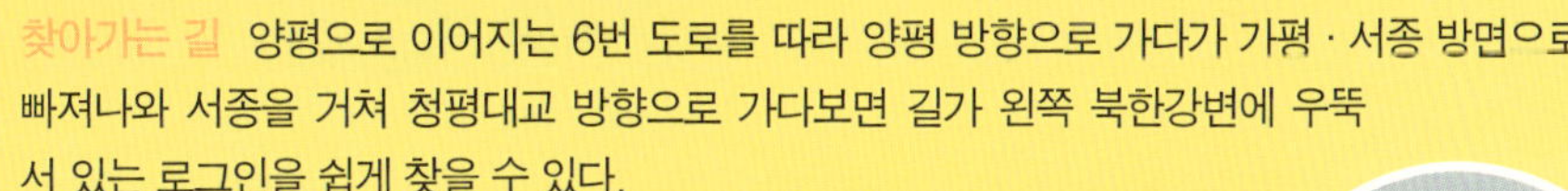

Cafe

느낌이 있는
전망 좋은 카페

드라마, 영화, 광고, 웨딩사진 촬영지로 이름 높은

오 데 뜨

북한강과 남한강이 서로 맞부딪치는 곳이 바로 양수리 두물머리이다. 이곳은 강물이 멈추어 있는 듯 고요히 흘러가는 풍경으로 보는 이의 마음을 잔잔하게 만들어 준다. 그래서인지 주변에는 음식점과 분위기 있는 카페들이 많이 자리하고 있다.

그 중에서도 가장 돋보이며 양평의 명물로 우뚝 선 카페 '오데뜨'는 이 호숫가 같은 강가를 배경으로 그 자태를 자랑하고 있으며, 강변에서 피어오르는 하얀 물안개를 바라보며 아름다운 추억을 만들 수 있는 아름다운 카페이다.

'오데뜨'라고 하는 이름은 차이코프스키의 "백조의 호수" 여자 주인공의 이름에서 따왔다고 한다. 마법에 빠져 백조로 변한 공주가 사랑의 힘으로 다시 공주로 변해 평생토록 감미롭고 달콤한 사랑을 한다는 이야기처럼 '오데뜨'에 오는 모든 사람들은 지크프리트 왕자이며, 오데뜨 공주라고 이곳 사람들은 말하고 있다.

마치 잘 조성된 하나의 조경단지를 연상케 하는 '오데뜨'는 강 쪽으로 한 계단 아래에 내려서면 강을 접한 넓고 아름다운 정원이 펼쳐지고 있다. 이곳엔 나무의자와 바비큐 파티장, 연인들의 그네 등을 마련해 두어 가족이나 연인들이 산책을 하거나 뛰어 놀기에 좋고, 언제나 많은 행사가 치뤄지는 인기 장소이기도 한데, 드라마나 영화·광고촬영은 물론이고 웨딩사진 촬영장소로도 유명하다.

　사시사철 언제나 즐길 수 있는 캠프파이어는 '오데뜨'의 또 다른 자랑거리이며, 식사 후에는 캠프파이어를 즐길 수 있는 장작을 무료로 제공하고 있고, 노래방도 무료로 사용할 수 있다.

GUIDE | 카페가이드

 **메뉴** 안심스테이크 2만 5천원, 볼로네즈스파게티 1만 3천원, 새우볶음밥 1만 3천원, 오데뜨 커피 6천원, 오데뜨 스페셜 칵테일 1만원

 **영업시간** 오전 11시부터 새벽 2시까지

 **좌석 수** 100석

 **주차장** 100대

 **전화** (031) 772-6041

 **주소** 경기도 양평군 용담리 582-1번지

 **찾아가는 길** 서울에서 양평으로 이어지는 도로를 따라 양평 방향으로 가다가 청평·서종 방면으로 빠져나와 서종쪽으로 진입하면 바로 서종 강가 초입에 자리 잡고 있다.

주방장의 손맛 · 멋 · 향 · 아름다움이 손꼽히는 월미도의

네덜란드

인천 월미도 문화의 거리에 조성된 많은 카페 중에서 가장 멋진 경관을 자랑하고 있는 카페 가운데 하나가 바로 '네덜란드'이다.

풍차가 달린 하얀 건물이 쉽게 눈에 띄는 네덜란드는 건물 모습뿐만 아니라 바다를 볼 수 있는 창가의 자리가 비교적 많이 갖추어져 있는 것도 좋다. 안으로 들어서면 한쪽 벽면을 마치 외국에서 흔히 볼 수 있는 야외카페처럼 꾸며 놓아 햇빛 좋은 날이면 바로 앞에 탁 트인 바

다를 마주하고 있어 마치 근사한 휴양지에 와 있는 듯한 느낌마저 든다.

　부근의 다른 곳과는 달리 고급스럽고 깔끔한 분위기가 인상적이며, 외국을 두루 돌며 30여 년 간 요리를 해 왔다고 하는 이곳 주방장의 손맛이 담긴 음식도 괜찮다.

　이러한 멋과 맛과 향은 물론 아름다움에 있어 월미도에서 가장 아름다운 카페로 손꼽힐 정도이며, 1층은 커피나 차 위주로 간단히 즐길 수 있는 카페로, 2층은 차분하게 식사를 할 수 있는 레스토랑으로 차별화되어 꾸며져 있다.

　이곳에서 자랑하는 인기메뉴는 안심스테이크와 가재가 나오는 스페셜 정식으로, 그리 비싸지 않은 가격에 정통 음식을 즐길 수 있다.

GUIDE | 카페가이드

 **메뉴** 정식 1만 6천원부터, 스테이크 2만~2만 5천원, 스파게티 1만원대, 피자 1만~2만원, 커피 4천원, 칵테일 6천원, 생과일주스 6천원, 기본음료 5천원

 **영업시간** 오전 10시부터 새벽 2시까지

 **좌석 수** 90석

 **주차장** 4대

 **전화** (032) 762-4554　**예약** 가능

 **주소** 인천시 중구 북성동 1가 98-281

 **찾아가는 길** 월미도 문화의 거리에 자리 잡고 있다. 월미도 선착장에서 바닷가를 따라 안쪽으로 조금만 걸어가면 쉽게 찾을 수 있다.

OAK

의 왕시 백운호숫가에 자리 잡고 있는 카페 'OAK'는 이름 그대로 통나무로 지어진 멋들어지고 아담한 카페로 통나무 향이 곳곳에서 배어 나오는 기분 좋은 카페이다.

운치 있는 호수가 바로 곁에 있어 호수와 하나가 된 듯한 멋진 경관은 가히 일품이며, 넓은 공터에 예쁜 파라솔이 놓여 있는 야외 테이블은 날씨가 좋은 날이면 바로 앞에 있는 백운호수의 정취를 만끽하면서 잠시 여유를 찾으려는 사람들이 즐겨 찾는 곳이기도 하다.

지나는 이들의 시선을 자극하는 원목의 통나무 건물 구조가 보기 좋으며, 하얗고 낮은 울타리를 지나 깔끔하고 정갈한 안으로 들어서면 널찍한 공간과 이색적으로 놓여 있는 실내의 커다란 선인장이 마치 사막 한가운데 와 있는 듯한 기분까지 불러일으킨다.

실내 가득 풍기는 은은한 원목 통나무의 향도 찾는 이들을 기분 좋게 만들어주고 있다. 넓은 창 너머로 보이는 밖의 호수를 바라볼 수도 있고, 멋스러우면서도 결코 화려하지 않으며 억지로 뽑아내지 않아도 자연스러운 멋이 흐르는 이곳은 누구나 한번쯤 꿈꾸었을 아름다운 별장을 그대로 옮겨놓은 듯해 더욱 정감이 가는 곳이다.

G U I D E | 카페가이드

 **메뉴** 스테이크 2만 8천원, 세트메뉴 3만~3만 8천원, 스파게티 1만 6천~1만 8천원, 커피 6천원, 칵테일 1만원

 **영업시간** 오전 10시부터 새벽 1시까지

 **좌석 수** 100석

 **주차장** 50대

 **전화** (031) 426-0030　　**예약** 가능

 **주소** 경기도 의왕시 학의동 593-1번지

찾아가는 길 백운호수로 들어서서 순환도로를 따라 가다보면 백운호수 입구 정반대인 안쪽 맞은편 길가에 있다.

저녁 무렵 끝없이 펼쳐진 서해바다에 어리는 석양이 눈물겹도록 아름다운

헤밍웨이

카페 '헤밍웨이'는 1985년 월미도에 문화거리가 조성
될 무렵부터 문을 열고 있는 역사와 전통이 있는 카
페로, 특히 지금은 음반제작자로서 명성을 떨치고 있지만 당시에는 가
수이자 유명 MC로 활동했던 이수만씨가 직접 운영했던 카페로 더욱 유
명해졌다.

지금은 이와 같은 고급스럽고 멋진 카페들이 서울근교 곳곳에 많이
생겨났지만 당시에는 타의 추종을 불허할 정도로 아름답고 고급스러운
카페로 정평이 나 있었다. 그 당시 이수만 씨 부부가 직접 인테리어를
하고 운영을 했던 이곳은 그러나 지금은 그의 친척이 운영하고 있다고
하며, 멋진 건물과 독특한 실내분위기 때문에 초창기 때부터 각종 TV
드라마나 CF의 무대로 자주 이용되었다. 깨끗한 건물과 독특한 실내
분위기, 그리고 저녁 무렵이면 끝없이 펼쳐진 서해바다에 어리는 석양
의 멋진 낭만을 넓은 창을 통해서 바라보는 그 정경은 눈물겹도록 아름
답다.

주말이면 다양한 공연을 펼치는 야외 공연장이 카페 바로 앞에 있어,
카페 안에서 커피를 마시거나 음식을 먹으면서 공연을 펼치고 있는
젊은이들을 바라보는 재미도 쏠쏠하다.

이곳에서는 나이 지긋한 장년들도 쉽게 눈에 띄는데, 1980년대 이곳을 찾아 아름다운 추억을 남기고, 오랜 세월이 흐른 뒤에 다시 그 추억을 회상하면서 그때 그 자리에 앉아 잠시 상념에 빠져드는 사람들이라고 한다.

GUIDE | 카페가이드

 **메뉴** A코스 4만원, B코스 3만 5천원, A정식 3만원, B정식 1만 8천원, 전복과 왕새우 3만원, 뽀르노 스파게티 1만 3천원, 해물 스파게티 1만 2천원, 치즈오븐 스파게티 1만원, 커피 5천원, 녹차라떼 7천원, 칵테일 7천원

 **영업시간** 오전 11시부터 새벽 1시까지(토요일은 새벽 2시까지)

 **좌석 수** 150석

 **주차장** 100대

예약 가능

 **전화** (032) 763-0409

 **주소** 인천시 중구 북성동 1가 98-12

 **찾아가는 길** 월미도 문화의 거리에 자리 잡고 있는데 월미도 선착장에서 문화의 거리를 따라 안쪽으로 들어서면 쉽게 찾을 수 있다.

터·사랑

　　백운호수를 에워싸고 있는 도로를 따라 가다보면 바로 큰길 호숫가에 붉은 황토를 사용하여 버섯모양으로 지은 건물이 유난히 눈에 띄는데, 이곳이 바로 퓨전의 특별함이 있는 카페 '터·사랑'이다.

　　카페 '터·사랑'은 분위기뿐만 아니라 퓨전요리 전문점으로도 인기가 많은 곳인데, 저지방·저콜레스테롤의 건강식 요리만을 선보인다. 이곳의 음식은 일상적인 양식과 한식으로 구분 지어 먹던 사람들에게는 입맛에 다소 혼란을 주기도 하지만 퓨전 메뉴를 즐겨 먹었던 사람이라면 다시 찾고 싶은 생각이 들 정도로 맛과 향과 멋이 있는 메뉴이다.

이곳 '터·사랑'에서는 수프 대신에 다양한 종류의 죽이 나오는가 하면, 스테이크에는 어울리지 않게 김치가 어우러져 나오는 등 기존의 관습을 파괴한 각종 퓨전 스타일의 메뉴가 인상적이다. 이 퓨전 메뉴들은 맛뿐만 아니라, 아름답기까지 한데 시각적인 효과도 고려해 최대한 맛깔스럽게 내놓아 먹기 아까울 정도이며, 요리가 마치 예술 작품을 무색케 할 정도이다. 퓨전 요리를 잘 모르는 기성세대를 위해서 특별히 메뉴판에 음식 설명을 자세하게 써놓는 친절하고 세심한 배려도 잊지 않고 있다. 안으로 들어서면 황토 벽, 높은 천장, 그리고 한지로 만들어 놓은 여러 가지 모양의 조명등도 보기 좋다.

바로 옆에 널찍한 주차공간이 확보되어 있어 승용차를 이용하기에도 전혀 불편함이 없으며, 카페 앞 논 사이의 자그마한 도로를 따라 호수를 바라보며 산책도 즐길 수 있다.

GUIDE | 카페가이드

 **메뉴** 정식 A코스 5만 5천원, B코스 3만 8천원, 스파게티 1만 5천원, 볶음밥 1만 5천원, 스테이크 3만 3천원, 커피 6천원, 칵테일 8천원부터, 와인(한 잔) 9천원

 **영업시간** 오전 10시부터 새벽 2시까지

 **좌석 수** 120석 　　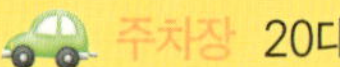 **주차장** 20대

 **전화** (031) 426-6611 　　**예약** 가능

 **주소** 경기도 의왕시 학의동

 **찾아가는 길** 인덕원 사거리에서 서울구치소 방면으로 달리다 오른쪽으로 접어들어 백운호수 이정표를 따라 들어오면 백운호수 카페촌에 도착하게 되는데, 오른쪽 순환도로를 따라 조금만 가다보면 호수 끝 무렵쯤 길가 왼쪽에 자리 잡고 있다.

메종

북한강변의 서종에서 가평 방향의 청평대교로 가는 길을 따라 가다 만날 수 있는 '꽃피는 산골' 초입에 자리 잡고 있는 '메종'은 프랑스 말로 '집'이라는 뜻을 가지고 있는, 하얀색의 건물이 돋보이는 아름다운 카페이다.

건물 벽이 하얀색이라 조금은 위압감이 들기도 하지만 마치 작은 성을 옮겨 놓은 듯한 아기자기한 멋을 느낄 수 있으며, 프랑스풍의 인테리어와 예쁜 커튼이 걸려 있는 창은 겉에서 보기에도 아름답다.

건물에서 느껴지는 이국적인 분위기를 따라 문을 열고 들어서면 구수한 인심으로 반겨주는 기분 좋은 주인을 만날 수 있다.

외국의 정겨운 농가를 그대로 옮겨다 놓은 듯한 실내의 분위기도 편안하고 아늑하다.

'메종' 만의 또 다른 매력은 카페를 들어서는 1층 입구에 서 있는 인디언상과 2층 창가에서 붉은 색 격자로 만든 창문을 통해 바라보는 북한강의 전망이며, 실내에 감미롭게 흐르는 음악도 듣기 좋다. 아담하고 차분한 분위기에서 조용한 대화를 나누며 감미로운 재즈를 감상할 수 있어 더욱 여유로운 시간을 가질 수 있다.

분위기와 조금은 어울리지 않을 듯한 메뉴도 이색적인데, 수제비 · 감자전이 메뉴에 있어 우리 입맛에 딱 맞고 맛이 정말 좋다.

카페 '메종' 은 큰 도로변에 자리 잡고 있어 찾기가 무척 쉬울 뿐만 아니라 주변에 유명산과 중미산, 자연 휴양림도 가까이 있어 주말 나들이에 들러 볼 만한 썩 괜찮은 카페이다.

GUIDE | 카페가이드

 **메뉴** 메종 정식 1만 8천원, 돈까스 1만 2천원, 덮밥 · 볶음밥 9천원, 커피 5천원, 칵테일 7천원, 생과일주스 7천원

 **영업시간** 오전 11시부터 자정까지(주말은 새벽 2시까지)

 **좌석 수** 36석　　🚗 **주차장** 15대

 **전화** (031) 774-4811　**예약** 가능

 **주소** 경기도 양평군 서종면 문호리 589-8

 **찾아가는 길** 양수리에서 청평 방향으로 이어지는 강변도로 363번을 따라 10km 정도 올라가다 보면 바로 큰길가 오른쪽에 자리 잡고 있다.

라리아

양평에서 북한강을 건너게 되는 양근대교를 건너 퇴촌
방향으로 조금만 가다보면 길가 오른쪽에 북한강변
을 배경으로 마치 그리스 신전처럼 이색적이고 깔끔한 건물 하나를 쉽

게 찾을 수 있다. 이 건물이 바로 카페 '라리아' 인데, 현대적인 깔끔한 모습은 부근의 다른 카페와는 사뭇 다른 분위기를 풍긴다.

강변에 자리 잡고 있는 여느 카페와는 달리 '라리아' 는 공원 또는 갤러리의 이미지가 강하며, 건물을 강쪽으로 배치하면서 너른 마당에는 자갈을 깔고 잔디를 심어 두었다.

라리아는 3개의 공간으로 나뉘어져 있는데, 먼저 운치 있는 카페 그리고 야외 이벤트 공간인 "포럼", 마지막으로 가구 전시장인 "리쎄"가 그것이다.

특히 포럼은 카페와 가구전시장 사이에서 마치 그리스 건축물처럼 분위기 있게 자리 잡고 있으며, 둥근 광장형태의 좌석과 높이 솟아 있는 기둥은 카페 '라리아' 의 상징처럼 느껴진다.

안으로 들어서면 실내인테리어 역시 눈길을 끈다. 젠 스타일로 꾸며져 있는 실내 분위기는 단조로움과 깔끔함을 동시에 느낄 수 있고, 특히 꾸미지 않은 듯 하면서도 꾸민 듯한 멋스러움은 '라리아'를 더욱 돋보이게 해준다. 실내는 전면이 커다랗고 깔끔한 통유리창으로 되어 있어 밖에서도 안을 훤히 들여다 볼 수 있도록 꾸며져 있으며, 흰색 기둥에 커피색 마룻바닥은 이곳을 찾는 사람들에게 편안한 분위기를 느끼게 해준다.

이렇게 건물과 분위기에서 풍기는 아름다움뿐만 아니라 '라리아'의 또 다른 자랑거리는 바로 해질 무렵의 멋진 풍경인데, 한강의 노을이 아름답게 보이는 강가의 테라스에서 노을을 바라보면서 사랑하는 연인과 함께 향기로운 커피를 즐기노라면 절로 사랑이 샘솟아 오를 것만 같다.

 G UIDE | 카페가이드

 **메뉴** 티본스테이크 3만원. A코스 5만원, B코스 4만원, 주방장A코스 3만 5천원, 주방장B코스 3만원, 스파게티 1만 5천원, 커피 8천원, 생과일주스 9천원, 칵테일 8천원

 **영업시간** 오전 11시부터 오후 10시까지(토요일 11시까지)

 **좌석 수** 120석

 **주차장** 20대

예약 가능

 **전화번호** (031) 774-9717

 **주소** 경기도 양평군 강하면 전수리 563-8번지

 **찾아가는 길** 양평에서 북한강을 건너게 되는 양근대교를 건너 퇴촌 방향으로 조금만 가다보면 길가 오른쪽에 마치 그리스 신전처럼 우뚝 솟아 있는 건물 '라리아'를 쉽게 찾을 수 있다.

빨간풍차

백운호수 주변에 있는 많은 카페 중에서도 단연 돋보이는, 아름다운 건물을 자랑하고 있는 곳이 바로 '빨간풍차' 이다.

'빨간풍차' 는 마치 동화에 등장하는 신비한 마법의 성처럼 숲 속에 백운호수가 훤히 내려다보이는 자그마한 언덕 위에 있어 이곳에서 내려다보이는 백운호수의 경관은 정말 아름답다.

풍차가 있는 네덜란드풍의 건물에 유난히 빨간색이 인상적인 이곳은 호수와 조금 떨어져 있기 때문에 주변이 비교적 조용하다. 또 안으로 들어서도 조용하고 부드러운 발라드 음악이 흐르고 있어, 부근의 시끌벅적한 다른 카페와는 달리 한껏 여유로움을 찾을 수 있다.

'빨간풍차'의 자랑거리는 손님이 원하는 대로 칵테일을 만들어 주는 전문 바텐더가 있다는 것인데, 오직 세상에서 하나뿐인 칵테일을 특별히 주문하여 사랑하는 연인에게 선물하는 것도 색다른 사랑표현 방법이 될 것이다. 이 곳에서 직접 만들었다고 하는 "스머프와 인어공주"라는 칵테일은 색이 곱고 아름다울 뿐만 아니라 맛도 새콤해서 술에 약한 여성들에게 많은 인기를 얻고 있다.

주변의 한가로워 보이는 농가와 밭들, 그리고 바로 길 건너에 있는 여유롭고 잔잔한 호수와 어우러져 이 모든 것들이 정말 동화 속의 한 장면처럼 느껴지는 곳이다.

G UIDE | 카페가이드

 **메뉴** 스파게티 1만 6천원, 안심스테이크 2만 6천원, 정식 A코스 4만 2천원, B코스 3만 5천원, 커피 6천원, 칵테일 9천원

 **영업시간** 오전 10시 30분부터 새벽 1시까지

 **좌석 수** 120석

 **주차장** 50대

 **전화** (031) 426-9500 **예약** 가능

 **주소** 경기도 의왕시 학의동 554-1번지

 **찾아가는 길** 인덕원 사거리에서 서울구치소 방면으로 달리다가 오른쪽의 백운호수 이정표를 따라 들어가면 백운호수 카페촌을 만날 수 있는데, 바로 호수를 둘러싸고 있는 순환도로 안쪽 중간 부분에 자리 잡고 있다.

케니지

한 번 이곳을 다녀오면 기억에서 쉽게 지워버릴 수 없을
만큼 기억에 남는 인상적인 카페가 바로 북한강변에 자
리 잡고 있는 카페 '케니지' 이다. 강가를 따라 들어서 있는 수많은 카페
들 중에서 가장 돋보이는 건물과 야경, 야외에 조성된 테라스가 멋있는
곳으로 정평이 나 있는 케니지는 북한강을 한번쯤 지나가 본 사람들이라
면 누구나 기억할 만한 그런 카페이다.

이곳은 이러한 멋진 분위기와 독특한 건물 때문에 TV드라마 "보고 또

보고"와 "푸른 안개"의 무대가 되기도 했고, 패션 잡지나 화보 촬영지로 잘 알려져 있어 이 건물을 보고 멋진 분위기에 젖으려는 사람들이 멀리서 찾아올 정도이다.

이곳은 낮에도 멋있지만 밤에는 온통 건물을 환하게 드리우는 멋진 조명으로 더욱더 아름다운 모습을 갖추고 있다. 또 이곳에서 자랑하는 테라스는 '케니지'의 백미라고 할 수 있을 정도이다.

안으로 들어서면 건물 규모에 비해 테이블 수가 적어 시원스러운 느낌을 주고, 전면에 있는 창과 직선 창살이 더욱 현대적인 구조미를 느끼게 한다. 또 천장과 테라스 난간 등에는 대나무를 사용하여 현대적인 건물에 전통적인 이미지까지 더하여 멋진 인테리어의 묘미를 잘 보여주고 있으며, 테이블마다 켜져 있는 촛불도 낭만적이다.

이곳은 산자락을 깎아서 만들었기 때문에 비교적 높은 곳에 자리 잡고 있어 전망이 무척 좋으며, 테라스에 앉아 바로 길 건너의 북한강을 바라보는 정경은 가히 일품이다.

GUIDE | 카페가이드

메뉴 케니지 스페셜 3만 2천원, 안심스테이크 2만 8천원, 스파게티 1만 3천원, 새우볶음밥 1만 1천원, 불고기볶음밥 1만 3천원, 칵테일 8천원, 맥주 6천원, 케니지 커피 6천원

영업시간 오전 11시부터 새벽 2시까지(토요일 4시까지)

좌석 수 100석   **주차장** 30대

전화 (031) 585-3252

주소 경기도 가평군 외서면 삼회리 599번지

찾아가는 길 경춘가도를 따라 춘천 방향으로 가다가 청평대교를 건너자마자 바로 우회전하여 363번 지방도로를 따라 서종 방면으로 약 10분쯤 내려오면 길가 왼쪽에 자리 잡고 있다.

Cafe

전원분위기의 여유로움이 있는

전원카페

하이디하우스

처음 이곳을 찾은 사람들은 누구라고 할 것 없이 탄성을 지른다. 마치 무릉도원처럼 꾸며 놓은 주변, 동화 속의 예쁜 집과 같은 분위기, 자연과 문화와 멋과 맛이 함께 공존하고 있는 특별함이 있기 때문이다.

야외 정원을 무릉도원처럼 꾸며 놓았고, 건물도 이름 그대로 꿈과 낭만이 숨쉬는 눈덮힌 알프스의 하이디하우스를 연상할 만큼 한 폭의 그림인 양 운치 있게 자리 잡고 있다. 건물 바로 앞 넓은 정원에는 365일 쉼없이 계속 타오르는 모닥불이 운치를 더해 주고 있으며, 이곳에서 즉석 통기타 라이브도 즐기고 연인과 함께 앉아 차를 마시며 밤하늘에 별들을 바라보면서 멋진 낭만을 즐길 수 있다.

국내 최초의 노천 카페로 사랑 받았던 이곳은 시인·묵객·예술인들의 발걸음이 잦으며, 매주말 클래식 음악회와 시 낭송회·시화전·그림전 등 각종 문화행사가 열리고 있다.

멋진 분위기뿐만 아니라 이곳에서 자랑하는 또 한 가지는 시 낭송회로서 예술을 사랑하고 이러한 분위기를 주도하고 있는 이곳 하이디하우스의 촌장인 차홍렬 씨의 열정으로 10여 년 가까이 계속 진행되고 있는, 이곳 하이디하우스를 상징하는 듯한 행사이다.

　이곳에서 추천하는 메뉴는 5시간 동안 참숯으로만 구워낸 바비큐와 인근 산에서 채취한 나물로 정성스레 만든 산채비빔밥이다. 넓은 주차장 한켠에는 광목에 커다랗게 써 있는 정지용의 '향수' 시구가 눈에 띄고, 주차장에서 카페까지 올라가는 나무계단이 무척 정겹다. 이곳 하이디하우스를 그대로 노래한 조병화 시인의 청춘송이 카페 한가운데 있는 커다란 돌에 새겨져 있는 것도 특별하다.

···골짜기 앞산 봉우리를 넘어서

보름달이 둥글게 떠오르더라

남녀 젊은이들이 가득히 삼삼오오 모여 들어오더라

시를 찾아오는 젊은이들이라 하더라

음악을 찾아오는 젊은이들이라 하더라

시와 음악 인생을 찾아오는 사람이라 하더라

그 영혼을 찾아오는 사람이라 하더라

외진 이 산골 하이디하우스는

젊은이들이 그 젊음을 사는 쉼터

밤이 없는 곳···

GUIDE | 카페가이드

 **메뉴** 원두커피 5천원, 생과일주스 8천원, 산채비빔밥 1만 2천원, 돼지목삼겹 바비큐(4인 기준) 4만 5천원, 스파게티 1만 5천원

 **좌석 수** 80석

 **주차공간** 25대

 **전화** (031) 841-8803

 **주소** 경기도 남양주시 별내면 용암리 126번지

 **찾아가는 길** 의정부에서 퇴계원 가는 길을 따라 가다가 청학터널을 바로 지나서 만나게 되는 청학주공아파트 단지를 끼고 좌회전하여 계속 올라가게 되면 용암골 카페촌이 나오는데, 수시로 이정표가 있어 찾기는 쉽다.

봉주르

불과 몇 년 전까지만 해도 오랫동안 서울의 대학로 입구에 자리 잡고 많은 이들을 추억에 젖게 했던, 카페하면 '봉주르'라고 할 정도로 이름이 자자했던 곳이 바로 이곳 '봉주르'이다.

이곳은 큰길가로부터 조금 떨어져 있어 길가에서 쉽게 보이지는 않지만 이정표가 잘되어 있어 찾기는 쉬운 편이다.

넓은 공간을 자랑하는 '봉주르'는 흙과 나무로만 지어진 토담집으로 앞마당에는 1년 내내 모닥불을 피울 수 있는 공간이 마련되어 있다. 작은 풋말 탓에 언뜻 그냥 지나치기가 쉬우나 비포장도로를 100m 정도 들어가면 "와!" 하고 탄성을 지를 정도로 규모가 크고 넓은 공간이 찾는 이들의 눈을 의심하게 할 정도이다. 두 채의 집, 한 채의 오두막, 400여 평 넓은 공간에 70개 테이블이 자리 잡고 있으며, 마당에는 나무 식탁과 의자들이 있다. 더불어 마당 한가운데에는 1년 내내 모닥불이 타오르고 있다.

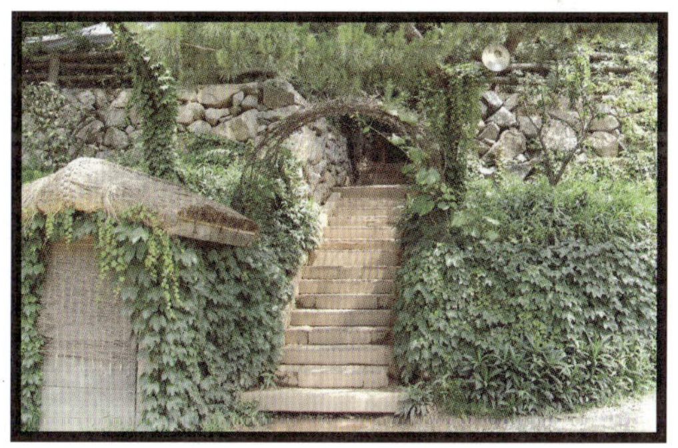

계절에 상관없이 항상 손님들로 붐비는 이곳 '봉주르'는 주변 경관 또한 멋진데, 푸른 산자락과 맑은 팔당호에 아련히 비치는 반짝이는 햇살,

카페 바로 앞으로 기적을 울리며 지나가는 기차를 정겹게 바라볼 수 있다. 산책로를 따라 강가까지 거닐 수도 있고, 통나무를 아무렇게나 깎아 만든 의자에 걸터앉아 잠시 쉬고 있노라면 가끔씩 심진 스님이 찾아와 부르는 국악가요를 들을 수도 있으며, 창가에 앉으면 바로 길 건너 유유히 흐르는 강의 정겨운 모습도 바라볼 수 있다.

편안하게 앉을 수 있는 테이블, 마치 처음 만난 사람이라도 몇 년을 만난 것처럼 쉽게 친해질 수 있는 분위기, 모닥불을 사이에 둔 정감어린 대화, 산책로를 따라 거니는 데이트⋯ 이러한 모든 것들이 오랫동안 기억에 남을 멋진 추억을 만들어주기에 지금의 '봉주르'는 많은 사람들로부터 회자되는 공간이 되었다.

GUIDE | 카페가이드

 **메뉴** 대추 · 유자 · 모과차 5천원, 쌈밥 8천원, 도토리묵 1만원, 녹두빈대떡 1만원

 **영업시간** 오전 10시부터 다음날 새벽 5시까지

 **좌석 수** 100 ~ 150석　　 **주차장** 150대

 **전화** (031) 576-7711

 **주소** 경기도 남양주군 조안면 능내리 산 68-3

 **찾아가는 길** 능내역에서 서울쪽으로 5분 정도 걸으면 도착할 수 있는 이곳은 팔당댐을 지나 카페를 알리는 작은 푯말을 따라 오른쪽 길로 접어들면 만날 수 있다.

주변 볼거리 가까운 곳에 마현마을과 정약용 생가가 자리 잡고 있다. 마현마을은 팔당댐 너머 철로와 만나는 굴다리에서 오른쪽으로 돌아 들어간 곳에 자리 잡고 있다. 앞에는 잔잔히 흐르는 강물이 있고, 넓은 공터가 시원스럽게 펼쳐져 있으며, 그 옆으로는 버드나무와 느티나무가 시원한 그늘을 만들어주고 있다. 때문에 이곳은 MT나 사진 촬영장소로 인기있으며, 가까운 곳에 조선시대 실학의 대가인 정약용의 생가도 자리 잡고 있다. 여유당을 비롯해 전통가옥이 볼 만 하다.

비루개

경기도 남양주의 한적한 산능선 자락 용암골 카페촌에 자리 잡고 있는 카페 '비루개'는 온통 사방이 조용한 숲으로 싸여 있어 마치 별장에 휴양 온 듯한 편안함이 느껴지는 곳이다.

'비루개'를 찾아 가는 길도 무척 정겨운데, 조금은 가파른 길을 따라 '비루개'가 자리 잡고 있는 언덕에 오르면 시원한 산바람이 먼저 반겨 주며 그곳에서 내려다보이는 고즈넉한 마을정경은 평화롭고 조용하기 그지없다.

주차장이 있는 넓은 공터에서 밟을 때마다 듣기 좋은 소리를 내는 나무 계단을 따라 안으로 들어서면 산뜻한 향기가 코를 자극한다. 실내에서 허브향기 그윽한 여러 가지 꽃을 가꾸고 있기 때문이다.

이곳의 자랑거리는 고구마와 감자를 구워먹던 옛 시절의 아련한 추억을 되살려 주기도 하는 모닥불과 배 밭 사이로 숲 속의 향기가 솔솔 피어올라 기분 좋은 아담한 산책로인데, 다정한 연인들에게는 더할 나위 없이 좋은 추억을 만들어주고 있다.

양식과 한식을 모두 준비하고 있어 취향에 맞게 골라 먹을 수가 있고, 밤이면 자연과 함께 어우러진 주변의 멋들어진 조명도 인상적이며, 날씨가 따스한 날에는 모닥불이 있는 야외 테이블에 앉아 감미로운 조명 아래서 밤새소리 들으며 정겨운 시간을 보낼 수 있다.

GUIDE | 카페가이드

 **메뉴** A코스 3만 5천원, B코스 4만 5천원, 돈까스 1만 2천원, 스테이크 3만원, 볶음밥 1만 2천원, 해물철판볶음밥 1만 5천원, 커피 5천원, 칵테일 7천~1만원

 **영업시간** 오전 11시부터 자정까지

 **좌석 수** 100석

 **주차장** 100대

 **전화** (031) 841-7612 　　**예약** 가능

 **주소** 경기도 남양주시 별내면 용암리 227번지

 **찾아가는 길** 의정부에서 퇴계원 가는 길을 따라 의정부를 빠져 나가자마자 청학동 주공아파트 길로 접어들어 약 2km 정도 계속 올라가면 용암골 카페촌이 나오는데, 바로 그곳에 자리 잡고 있다.

피렌체

도심에서 잠시 빠져 나와 자동차를 몰고 교외로 나가다 보면 곳곳에 마치 동화 속에 나오는 집처럼 예쁘게 꾸며져 있는 레스토랑이나 카페를 만날 수 있다. 그러나 왠지 그러한 곳들을 찾을 때면 뜨내기손님 같다는 생각이 들기도 하고, 혹은 그곳 카페나 레스토랑도 뜨내기들을 겨냥해서 영업하지 않나 하는 생각에 선뜻 들어가고 싶지 않은 생각이 든다.

그러나 '피렌체'는 도심에서 비교적 멀리 떨어진 전원 한가운데 자리 잡고 있으면서도 그러한 생각들이 기우였음을 알려주는, 찾으면 기분 좋은 그런 카페이다.

자유로를 따라 통일동산으로 들어서면 아래쪽에 비교적 규모도 크고 아름다운 건물을 자랑하고 있는 카페들이 모여 하나의 통일동산 카페촌을 이루고 있는데, 바로 이 카페촌 한켠에 '피렌체'가 자리 잡고 있다.

지중해식 이탈리안 스테이크가 이 집에서 추천하는 메뉴이며, 널찍한 700여 평의 부지 위에 유럽식 저택을 본떠서 아름답게 지어진 2층 건물과 주변의 숲과 나무는 고즈넉해서 여유로움을 느낄 수 있다. 사시사철 꽃이 피어 있는 작은 정원이 꾸며진 실내 테라스와 200여 가지 야생화가 심어져 있는 넓은 정원도 갖추고 있으며, 멀리서도 쉽게 눈에 띄는 인상적인 붉은 색 계통의 건물과 안으로 들어서면 넓은 공간에 편안하고 아늑한 소파가 역시 찾는 이들을 기분 좋게 하고 있다. 실내를 가득 감싸면서 흐르고 있는 잔잔하고 감미로운 음악도 듣기 좋다.

GUIDE | 카페가이드

 **메뉴** A코스 1만 9천원, B코스 2만 8천원, C코스 3만 7천원, 샤또브리앙 3만 4천원, 스파게티 1만 5천원, 커피 5천원, 칵테일 7천원, 와인 4만원부터

 **영업시간** 오전 11시부터 자정까지(토요일 새벽 1시까지)

 **좌석 수** 150석 　　**주차장** 50대

 **전화** (031) 946-9989 　　**예약** 가능

 **주소** 경기도 파주시 탄현면 성동리 67-13번지

 **찾아가는 길** 자유로를 따라 달리다가 통일동산 바로 입구 성동사거리 옆 카페촌으로 들어서면 쉽게 찾을 수 있다.

시더하우스

수원을 지나 화성방면으로 가다가 만나게 되는 평화롭고 한가로워 보이는 논과 밭 한가운데 있는 '시더하우스'는 설마 이런 곳에 이런 카페가 있을까 할 정도로 마치 별장같이 운치 있는 카페이다.

창 밖으로는 수원과학대 앞 보통리 저수지가 가깝게 보이고, 주변의 고즈넉한 분위기와 잘 어울리는 정다운 느낌을 주는 이 카페는 큰길가에서 약간 떨어져 자리 잡고 있어 그리 북적대지 않고 조용하고 아늑해서 좋다. 주변에 집들이 비교적 드물고 규모가 커서 멀리서도 쉽게 눈에

띄어 금방 찾을 수 있고, 마치 동화 속에 나오는 집처럼 예쁘다. 2층 구조의 통나무로 만들어진 이곳은 1층은 카페로 사용되고 있고, 2층은 주인의 살림집으로 사용되고 있다.

들어서는 카페 입구에는 이곳 주인이 손수 가꾸었다는 예쁘고 자그마한 정원이 있으며, 시원스럽게 펼쳐진 넓은 마당은 여유롭고 편안한 느낌을 준다.

이곳 카페 이름 중에서 "시더"라는 말은 향나무 연필의 재료가 되는 나무 이름이라고 하는데, 이곳 건물을 바로 그 시더나무로 만들었기 때문에 그 이름 그대로 "시더"를 카페이름으로 지었다고 한다. 안으로 들어서면 마치 향나무 연필에서 한번쯤 맡아봄직한 은은한 향이 기분을 상쾌하게 하는데, 그 향이 바로 이곳 카페를 만든 시더나무에서 나오는 시더 향이다. 카페 앞으로 평온하게 펼쳐져 있는 조용하고 고즈넉한 전원풍경도 인상적이며, 카페 안에서 넓은 통유리를 통해 바라보는 창 밖의 재미도 정겹다.

GUIDE | 카페가이드

 **메뉴** 안심스테이크 3만 5천원, 정식 2만원, 스파게티 1만 2천원, 커피 5천원, 생과일주스 7천원

 **영업시간** 오전 10시부터 자정까지

 **좌석 수** 40석　　**주차장** 20대

 **전화** (031) 353-6373　　**예약** 가능

 **주소** 경기도 화성시 정남면 괘량리 1069번지

 **찾아가는 길** 수원역에서 발안 방면 보통리 저수지 방향으로 가다보면 길가 오른쪽에 자리 잡고 있다. 바로 수원과학대 입구 2km 전방이다.

풀치

카페 '풀치'는 자유로를 달리다가 파주 통일동산을 지나 성동인터체인지로 빠져 나오면 바로 대동리 한강변에 자리 잡고 있는 이색적인 카페로 길 건너 임진강이 보이는 테라스에 앉아 향기로운 커피와 함께 아름다운 시간을 즐길 수 있는 전원카페이다. 이곳은 이름처럼 달빛이 어리는 밤에는 그 멋스러움 때문에 연인들의 아지트로 각광받는 카페이기도 하며, 격조 있는 인테리어와 조용한 분위기, 그리고 곳곳에 장식되어 있는 예술작품들이 돋보이는 갤러리 카페이기도 하다.

산기슭에 있으면서도 바로 길 건너 임진강을 그대로 바라볼 수 있고 특히 해질 무렵이면 임진강에 어리는 노을이 펼치는 멋진 장관을 감상할 수 있으며, 가을에는 철새 도래지로서 각종 철새 떼를, 또 겨울에는 넓은 대지에 수북이 쌓인 하얀 눈을 바라보면서 낭만에 젖을 수 있는 곳으로서 계절마다 변하는 풍경들은 한 폭의 그림을 연상시킨다.

조금은 주변이 한적하고 외딴 곳이긴 하지만 한번 이곳을 찾게 되면 단골이 될 정도로 아늑하고 정겨운 분위기, 그리고 주인의 친절한 서비스도 자랑거리이다.

'풀치'는 2층 구조로 된 비교적 큰 규모와 시설에 비해 값이 저렴하고 메뉴도 다양하다. 특히 이곳에서 추천하는 메뉴인 피자는 풀치에서 특별히 개발했다고 하는데 맛이 담백할 뿐만 아니라 정성이 가득 담겨서 다른 곳에서 먹는 피자와는 사뭇 다르다.

GUIDE | 카페가이드

 **메뉴** 안심스테이크 2만 5천원, 해물스파게티 1만 3천원, 바다가재 4만 8천원, 왕새우 버터구이 2만 5천원, 커피 5천원, 칵테일 7천원, 허브차 6천원

 **영업시간** 오전 11시부터 오후 11시까지

 **좌석 수** 40석　　 **주차장** 50대

홈페이지 www.pulchi.com

 **전화** (031) 942-5556　　**예약** 가능

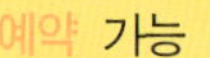

 **주소** 경기도 파주시 탄현면 대동리 107-23번지

 **찾아가는 길** 자유로를 따라 임진강 방면으로 드라이브를 즐기다가 성동인터체인지로 빠져나와 카페촌 프로방스 길로 접어들어 약 1 km 정도 가다보면 바로 길가 언덕에 풀치 간판이 보이면서 언덕아래 다소곳이 자리 잡고 있는 풀치를 쉽게 찾을 수 있다.

코수1

용인 수지의 고기리 카페촌에서 가장 눈에 띄는 독특한 건물인 카페 '코쉬'는 페르시아어로 행복이라는 뜻을 가지고 있다고 하는데, 정말 이곳을 찾으면 행복이 가득 다가올 것만 같은 기분 좋은 인상을 받게 된다.

플로리스트 김미영 씨가 운영하고 있는 이 전원카페는 다른 곳과는 달리 커피만을 즐길 수 있는 커피전문 카페이기도 하다. 때문에 다른 메뉴들을 취급하는 카페와는 달리 무척 깔끔할 뿐만 아니라 은은한 커피향이 실내에 가득 흐르고 있어 기분이 상쾌하다.

일본식 젠 스타일로 지어진 멋진 건물은
지나는 이들의 눈길을 끌고 있다.
안으로 들어가면 이름만큼이나 깔끔하고 고급스러운 인테리어도 매력적이다.

커피전문점답게 이곳에는 커피전문가를 뜻하는 바리스타가 있어 더

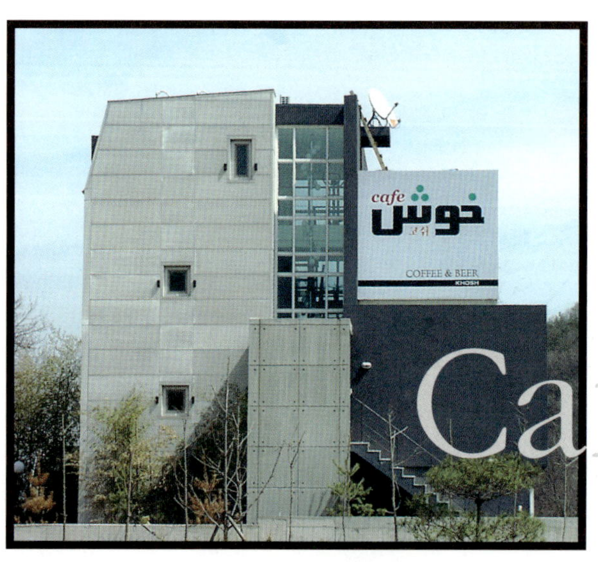

Cafe

욱 커피의 참맛을 느낄 수 있다. 건물 앞으로는 고기리 계곡이, 또 뒤로는 산을 끌어안은 곳에 자리 잡고 있어 주변 경관 또한 조용하고 아늑하다. 창 밖으로 보이는 작은 정원에 소나무와 대나무도 보기 좋으며, 카페 한쪽 유리관 속에 꾸며 놓은 작은 숲도 바라보는 사람들의 마음을 차분하고 여유롭게 만들어 주고 있다. 마치 갤러리를 연상케 하는 곳곳에 걸려 있는 사진작품들도 눈길을 끄는데, 이 사진들은 사진작가인 이곳 주인의 남편이 촬영해서 걸어놓은 사진들이라고 한다.

깔끔하고 격조 높은 분위기와 멀리서도 쉽게 눈에 띄는 인상적인 건물, 은은한 커피향이 멋드러진 커피의 참맛, 그리고 행복이라는 뜻의 "코쉬"라는 이름이 함께 어우러져 둘러보면 행복을 느낄 수 있을 것만 같은 여유로움이 가득한 카페이다.

G UIDE | 카페가이드

 **메뉴**
아메리칸 커피 5천원, 카페라떼 6천원, 카페모카 7천원, 생과일주스 7천원, 허브티 8천원

 **영업시간** 오전 11시부터 오후 9시까지

 **좌석 수** 40석

 **주차장** 10대

홈페이지 www.khosh.co.kr

 **전화** (031) 264-0680

 **주소** 경기도 용인시 수지읍 고기동 244-4번지

 **찾아가는 길** 용인 고기리 유원지 바다목장 개울 바로 건너편에 자리 잡고 있다.

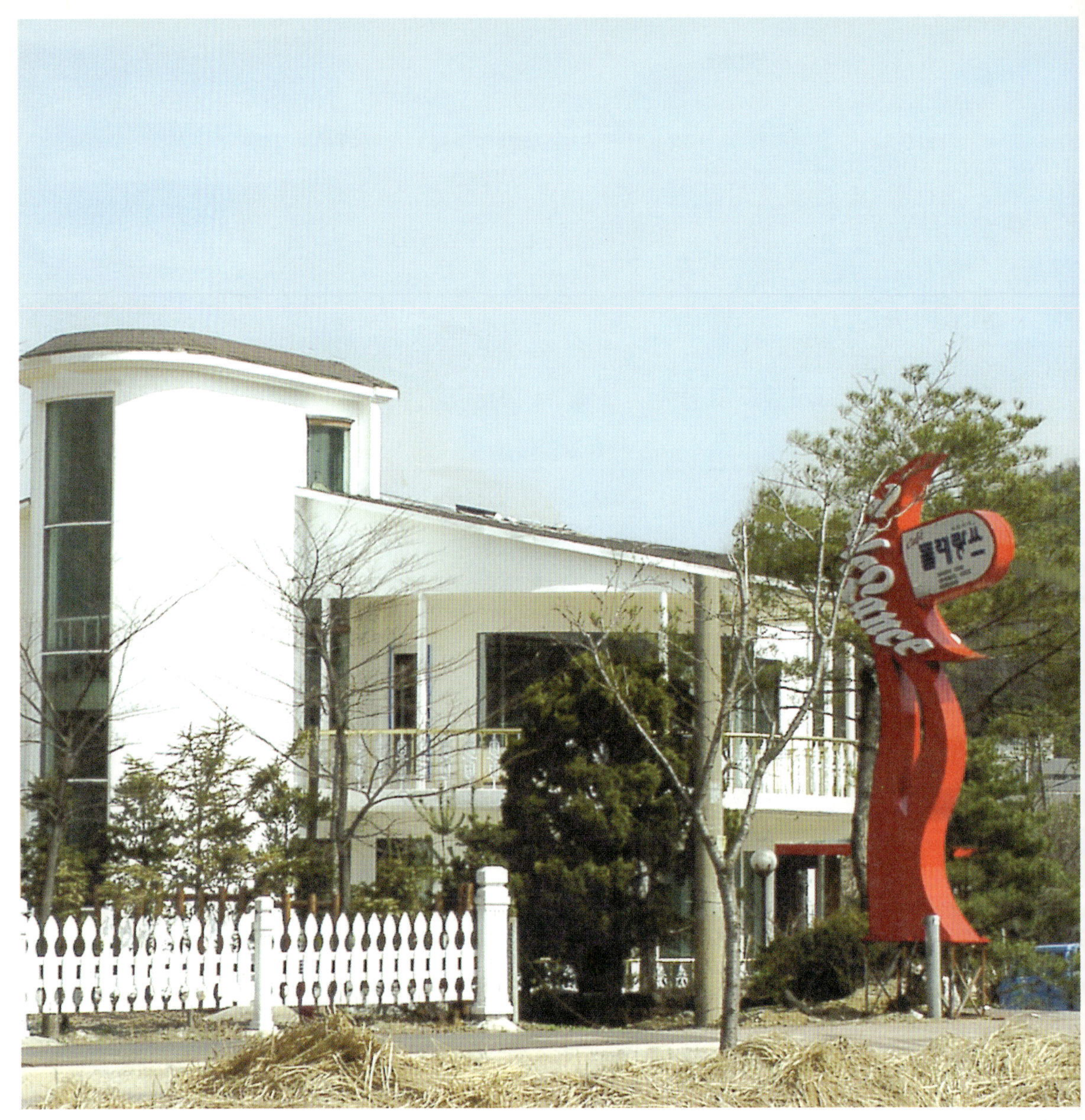

백운호수에서 불어오는 시원한 바람을 맞으며 커피향과 함께 오붓한 시간을 즐길 수 있는

똘레랑스

이름이 조금은 난해하고 이색적인 카페 '똘레랑스'는 어려운 이름과는 달리 멀리서도 쉽게 눈에 띌 정도의 아름다운 건물에 주변의 고즈넉한 전원분위기도 기분 좋은 카페이다.

백운호수 카페촌 한가운데 자리 잡고 있는 이곳은 호수와는 조금 떨어져 있지만 그 때문에 오히려 다른 카페와는 달리 시끄럽지도 않고 조용한 분위기 속에서 오붓한 시간을 가질 수 있다.

이곳 이름인 "똘레랑스"라는 말은 프랑스 말로 "다른 사람의 생각과 행동과 그 방식을 존중한다"라는 멋진 의미를 가진 말이라고 한다.

모두 2층으로 되어 있는 건물 중에서 1층보다는 2층의 전망이 좋으며, 테라스에 야외 테이블을 설치해놓아 날씨가 화창한 날에는 이곳에서 시원한 호수바람을 맞으며 커피를 즐길 수 있다. 마치 자그마한 별장을 옮겨 놓은 듯한 건물모습도 매력적이며, 안락한 실내 분위기 역시 무척 편안하게 느껴진다. 가족 같은 분위기를 풍기는 이곳 '똘레랑스'에서 종업원들의 몸에 밴 친절한 서비스를 받아보는 것도 기분 좋은 일이다.

 GUIDE | 카페가이드

 **메뉴** 카레라이스 1만 3천원, 돈까스 1만 3천원, 생선까스 1만 3천원, 해물스파게티 1만 5천원, 커피 6전원, 칵테일 9천원

 **영업시간** 오전 10시부터 자정까지

 **좌석 수** 70석　　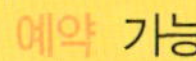 **주차장** 15대

 **전화** (031) 426-3322　　**예약** 가능

 **주소** 경기도 의왕시 학의동 595-1번지

 **찾아가는 길** 백운호수 순환도로를 따라 안쪽으로 들어서면 만날 수 있다. 큰길가에서 쉽게 보이기 때문에 찾기는 무척 쉽다.

내마음의 풍금

용인 수지의 고기리 계곡 조용한 숲에 다소곳이 자리 잡고 있는 이름도 아름다운 '내마음의 풍금'은 마치 숲 속의 별장을 연상시키는 아름다운 건물과 시원한 분수가 있는 정원이 아름다운 카페이다.

겉에서 보기에도 초록색 지붕의 통나무로 지어진 모습이 보기 좋으며, 넓은 통유리를 통해 창 밖에 보이는 아름다운 정원과 주변의 정겨운 경관은 한번 자리에 앉으면 자리를 뜨고 싶지 않을 정도이다.

이곳에서 자랑하는 것은 아름다운 정원인데, 건물입구에 자리 잡고 있는 정원에서는 물레방아가 돌아가고 있어 찾는 이들을 잠시 동안 향수에 젖게 하고 있다. 조금은 외진 계곡 안쪽에 있는 것이 흠이라면 흠이지만 반면에 호젓하게 라이브를 즐길 수 있다. 매일 6차례의 실력파 뮤지션들과 가수들이 공연을 펼치고 있으며, 특히 날씨가 좋은 날에는 물레방아가 돌아가는 야외에서도 공연을 펼치고 있다. 이곳 주인의 연주도 빼놓을 수 없는데, KBS관현악단에서 활동했을 만큼 훌륭한 실력을 자랑하는 대단한 실력파라고 하며, 특히 그가 들려주는 색소폰 연주는 감미롭고 낭만적이다.

카페 한켠에는 노래방 시설도 잘 갖추어져 있어, 예약 손님이나 식사 손님은 노래방을 무료로 사용할 수 있다. 또한 방갈로 등과 어린아이들의 놀이공간까지 잘 마련되어 있어 어린아이를 동반한 가족나들이에 편리하게 활용할 수 있다.

GUIDE | 카페가이드

 **메뉴** 바다가재 3만 8천원, 스파게티 1만 7천원, 해물도리아 1만 7천원, 특정식 1만 8천원, 풍금정식 2만 2천원, 커피 6천원, 전통차 8천원

 **영업시간** 오전 10시부터 자정까지

 **좌석 수** 40석　　 **주차장** 20대

라이브 공연 2시부터 11시까지(6차례)

 **전화** (031) 262-9792　　**예약** 가능

 **주소** 경기도 용인시 수지읍 고기리 587번지

 **찾아가는 길** 승용차를 이용할 경우 판교인터체인지로 빠져 나와 수지 방향으로 직진, 자그마한 다리에서 우회전하여 고기초등학교를 지나 황토부동산 앞 다리를 건너 다시 좌회전해 1.5km 직진하면 안쪽에 있는 이곳을 쉽게 찾을 수 있다. 대중교통을 이용할 경우에는 분당 미금역에서 8번 출구로 나와 3번 마을버스를 타고 고기초등학교를 지나 2.2km 정도 직진하면 바로 만날 수 있다.

Cafe

따뜻한 사랑이 머무는

연인들의 데이트 카페

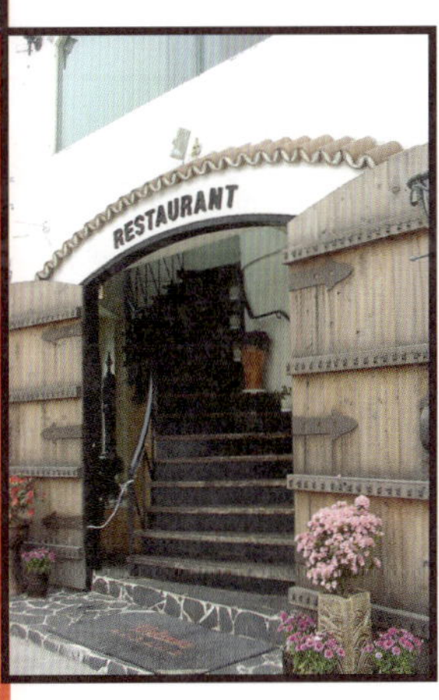

···▶ 파인트리
···▶ 봉주르
···▶ 아름다운 세상
···▶ 아사도
···▶ 로레아뜨
···▶ 씨죤
···▶ 예전
···▶ 시저스
···▶ 몰디브

파인트리

산기슭에 있으면서도 해돋이로 유명한 정동진에 버금가는 낙조를 창가에 앉아서 만끽할 수 있는 카페가 파주 통일동산 카페촌에 자리 잡고 있는 '파인트리'이다.

자유로를 따라 신나게 달리다가 성동인터체인지로 들어서서 도로를 따라 가다보면 쉽게 만날 수 있는 '파인트리'는 통일전망대 주변 북녘 땅과 바로 맞닿는 곳에 있어 비교적 조용한 분위기가 매력적이며 드라이브를 즐긴 후에 잠시 여유를 찾으며 한가로운 시간을 보내기에 좋다.

모두 2층으로 되어 있는 이곳은 안으로 들어서면 잔잔하게 정통 클래식의 선율과 재즈음악이 흐른다. 도자기가 전시되어 있는 1층 한켠에 하얀색의 그랜드 피아노와 함께 자리 잡고 있는 자그마한 무대도 보기 좋으며, 통나무의 운치와 호텔 같은 분위기, 그리고 호텔에서 받을 수 있을 법한 친절한 서비스도 기분 좋다.

이곳은 해가 뉘엿뉘엿 넘어갈 즈음의 임진강변에 어리는 석양이 가장 볼 만한 광경이지만 사방이 어둠으로 바뀐 밤에도 다른 곳에서 느낄 수 없는 색다르고 특별한 느낌을 받을 수 있다. 그것은 우리 나라의 수많은 카페 중에서 북한과 가장 가까운 거리에 있다는 것과 불과 몇 분만 더

가면 북한과 마주하고 있는 철책선이 있다는 특수성과 조용한 전원 분위기에 아름다운 조명이 어우러져 더욱 멋을 더해주기 때문이다.

GUIDE | 카페가이드

 **메뉴** A코스 3만 8천원, B코스 4만 3천원, C코스 5만 3천원, 돈까스 1만 5천원, 스파게티 1만 3천원, 커피 6천원, 생과일주스 7천원, 칵테일 8천원, 와인(한 잔) 5천원

 **영업시간** 오전 10시 30분부터 오후 10시 30분까지

 **좌석 수** 150석　　 **주차장** 20대

전화 (031) 942-0941　　**예약** 가능(하루 전 예약시 5% 할인)

 **주소** 경기도 파주시 탄현면 대동리 210번지

 **찾아가는 길** 서울에서 일산을 거쳐 파주까지 이어지는 자유로를 타고 가다가 통일전망대 입구로 빠져나와 한국토지공사 바로 앞의 오거리에서 동마루가든 쪽 길로 접어들어 2km 정도만 올라가면 바로 길가에서 조금 떨어진 곳에 있다.

봉주르

일산지역에서 가장 큰 규모를 자랑하고 있는 카페 '봉주르'는 건물 모습뿐만 아니라 실내 인테리어 모두 어느 한곳 부족함이 없는 아름다운 카페이다.

안으로 들어서면 고급스럽고 아름다운 인테리어가 눈길을 끄는데, 이러한 분위기 때문에 일산을 찾은 연인들이 즐겨 찾는 카페라고 한다. 사진 촬영장소뿐만 아니라 드라마의 촬영장소로도 많이 이용되고 있어 운이 좋을 경우 TV에서나 접할 수 있었던 연예인을 실제로 만나보는 경험도 할 수 있다.

날씨가 좋은 날에는 마당에 있는 작은 연못가에 앉아서 차를 마시며

여유를 즐길 수 있고, 밤이 되면 창가마다 설
치되어 있는 노란색 조명의 은은한 빛이 사람
을 예쁘고 아름다워지게 하는 마술을 부린다.
　현대적이고 고급스런 분위기에 비해 조금
은 어울리지 않을 듯한 메뉴가 이곳의 추천
메뉴이기도 하다. 이틀 동안 푹 끓여 내놓고
있는 대추차가 그것으로, 그 깊은 맛을 한번
접해 본 사람이라면 그 맛을 잊지 못해 다시
찾아올 정도라고 한다.

 **G** UIDE | 카페가이드

 **메뉴** 봉주르정식 3만 3천원, 마레 토마토스파게티 9천원(런치)/1만 2천원, 굴소스 해물볶음
밥 1만원(런치)/1만 2천원, 까르보나라 9천원(런치)/1만 1천원, 커피 5천원(리필 가능), 칵
테일 7천원, 대추차 6천원, 생과일주스 7천원

 **영업시간** 오전 10시부터 새벽 2시까지

 **좌석 수** 90석

 **주차장** 35대

 **전화** (031) 903-8252　　**예약** 가능

 **주소** 경기도 고양시 일산구 풍동 613-1번지

찾아가는 길 일산 풍동 백마 카페촌에 들어서서 큰길을 따라 가다보면 쉽게 찾을 수 있다. 백
마 카페촌 안쪽 골프연습장 바로 못 미쳐 큰길가에 자리 잡고 있다.

아름다운 세상

분당시민들의 휴식처인 율동공원으로 가다보면 나지막한 고개를 넘어 율동공원 초입 왼쪽 언덕에 아름다운 정원이 있는 너와집을 쉽게 찾을 수 있는데, 이곳이 바로 카페 '아름다운 세상' 이다.

카페 '아름다운 세상' 은 이름처럼 아름다운 정원으로 둘러싸여 정겨움이 가득하며, 황토벽에 너와를 얹어 지은 이색적인 건물과 낮고 둥근 지붕이 고즈넉하고 아름답다.

**밖에서 언뜻 보면 1층처럼 보이지만
다가서 보면 실은 2층으로 되어 있는 카페이다.**

낮은 산모롱이 경사면에 있어 건물의 반은 지하로 되어 있는데, 그 지하로 되어 있는 1층은 특히 젊은이들이 좋아할 수 있는 경쾌한 분위기로 꾸며져 있고, 2층은 가족이나 연인들이 편안하게 쉴 수 있는 아늑한 분위기로 꾸며져 있다.

카페 바로 앞의 작은 연못과 푸른 잔디, 그리고 예쁜 꽃들로 아름답게 꾸며진 정원은 마치 그림 속의 한 장면 같다. 실내에는 벽난로가 있어 겨울이 되면 감자나 고구마를 구워 먹을 수도 있고, 여름에는 카페 앞 공터에 모닥불을 피워 놓고 둘러앉아 이야기꽃도 피울 수 있다.

GUIDE | 카페가이드

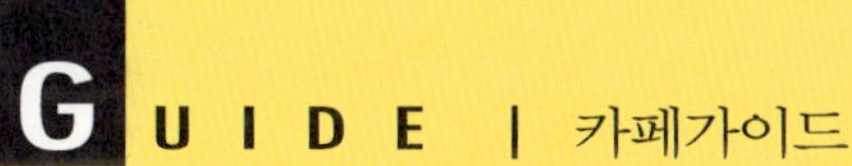 **메뉴** 스파게티 8천원, 피자(R/L)1만 6천원/2만 2천원, 커피 4천5백원, 전통차 5천원, 생과일주스 6천원

 **영업시간** 오전 10시부터 자정까지

 **좌석 수** 100석

 **주차장** 30대

 **전화** (031) 703-5333   **예약** 가능

 **주소** 경기도 성남시 분당구 율동 301-4번지

 **찾아가는 길** 분당에서 율동공원으로 가다가 율동공원 초입 고개를 넘으면 바로 고개 중턱쯤 길가 왼쪽에 자리 잡고 있다.

아사도

불과 얼마 전까지 명성이 자자했고 젊은이들의 데이트 코스이자 MT장소로 최고의 인기를 끌었던 장흥 카페촌의 대표적인 카페가 바로 이곳 '아사도'이다.

장흥을 가로지르는 도로를 따라 천천히 올라 가다보면 장흥 카페촌 중간쯤 길가 나지막한 언덕 위에 그 웅장함을 자랑하고 있는 '아사도'가 있다. 이곳 '아사도'는 주인이 한 번도 바뀌지 않고 14년이라는 긴 세월 동안 한자리에서 그대로 운영되고 있어 그 전통을 자랑하고 있다.

300여 석의 무척 넓은 공간을 갖추고 있는 이곳은 특별한 기념일이나 생일 등 단체행사를 치르기에도 적합하다. 고급스럽고 아늑한 분위기와 넓은 공간을 갖추어 결혼을 앞둔 예비 신랑신부들의 상견례 장소로도 인기있다. 분위기에 맞게 이곳 '아사도'에서는 라이브 공연도 하고 있다. 특히 1, 2층 어디에서나 중앙 홀의 라이브 무대가 잘 보이도록 꾸며 놓았다.

롯데호텔에서 40여 년 간 경력을 쌓은 연세 지긋한 주방장의 스테이크 요리는 별미이며, 그 맛을 즐기려고 일부러 찾아오는 사람들이 있을 정도라고 한다. 20여 가지의 와인을 구비하고 있어 취향에 맞게 와인을 고를 수 있고, 카페 앞에는 넓은 주차장도 마련되어 있어 승용차를 이용할 경우에도 전혀 불편함이 없다.

G UIDE | 카페가이드

메뉴 스테이크 2만 2천원, 바다가재(500g당) 5만원, 파스타 1만 8천원, 와인 3만~20만원, 커피 8천원, 칵테일 1만 1천원

영업시간 낮 12시부터 새벽 1시까지

좌석 수 300석　**주차장** 100대

라이브 공연 낮 3시 30분, 4시 30분 / 밤 6시 30분, 7시 30분, 8시 30분, 9시 30분, 10시 30분, 11시 30분, 12시 30분(토요일)

출연가수 백미연, 홍민 외 통기타 가수 다수

전화 (031) 855-0052　　**예약** 가능

주소 경기도 양주시 장흥면 석현리 374-1

찾아가는 길 구파발에서 일영쪽으로 가다보면 만날 수 있는 장흥 유원지 내에 자리 잡고 있는데, 권율 장군 묘 바로 맞은편에 있다.

로레아뜨

일산 백마촌의 애니골 카페촌에서 가장 아름다운 모습을 자랑하고 있는 카페가 바로 이곳 '로레아뜨'이다. 멀리서도 쉽게 눈에 띄는 하얀색의 2층짜리 유럽풍 건물로, 건물과 주변 환경이 너무 아름다워 길 가던 사람들의 발걸음을 한번쯤 멈추게 한다.

건물 모습이 너무 고급스럽고 아름다워 선뜻 들어서기가 망설여지고 가격대가 다소 부담이 될까 걱정도 되지만 안으로 들어서면 차분하고 편안한 분위기, 비싸지 않은 가격대가 그러한 우려를 말끔히 해소시켜 준다.

　1층은 바(bar) 겸 커피숍으로 정오부터 오후 4시 30분까지는 샐러드 뷔페(값은 매우 저렴하여 1만 5천원)로, 2층은 비교적 가격이 비싼 스테이크를 주 메뉴로 하는 고급 레스토랑으로 차별화하여 운영하고 있다.

이곳 '로레아뜨'에서는 분위기와 식사에 잘 어울리는 잔잔한
라이브 공연이 진행되고 있다. 매일 저녁 7시부터 7시 40분까지는 피아노 연주를,
8시부터 8시 40분까지는 기타 연주를 들려주고 있다.

　고급스러운 분위기답게 종업원들이 친절해서 이곳은 사랑하는 연인들의 데이트 장소로 손색없는 곳이고, 가족단위 손님들의 외식장소로도 좋다.

G UIDE | 카페가이드

 **메뉴** 바다가재 7만원, 안심스테이크 3만 5천원, 스파게티(점심/저녁) 1만 3천원/1만 6천원, 커피 6천원, 칵테일 7천원, 와인(한 잔) 5천원

 **영업시간** 오전 11시 30분부터 새벽 2시까지

 **좌석수** 150석　　　 **주차장** 35대

 **라이브 공연** 저녁 7시 ~ 7시 40분(피아노 연주), 8시 ~ 8시 40분(기타 연주)

홈페이지 www.laureates.co.kr

 **전화** (031) 907-7999　　　**예약** 가능

 **주소** 경기도 고양시 일산구 풍동 665-14번지

 **찾아가는 길** 일산 백마 카페촌 안쪽에 있으며, 라이브 카페 '학골' 바로 맞은편에 있다.

씨 죤

분 당시민들의 휴식처인 율동공원으로 가다보면 자그마한 언덕 초입 왼쪽에 웅장한 규모를 자랑하고 있는 범선을 발견할 수 있다. 이곳이 바로 카페 '씨존'이다.

웅장하고 섬세한 규모에 지나는 사람이나 차량들이 잠시 멈춰 한번쯤 쳐다보고 갈 정도이며, 특히 밤이 되면 멀리서도 훤하게 보이는 아름다운 조명은 이곳 '씨존'의 상징이기도 하다. 이곳 주인이 직접 설계하고 제작하였다는 '씨존'은 멀리서도 쉽게 눈에 띄는 웅장하고 독특한 범선 모양의 아름다운 건축과 주변의 인테리어들이 매혹적이며, 안으로 들어가도 마치 고급스럽고 거대한 유람선에 승선한 것 같은 분위기를 즐길 수 있다.

실내는 모두 3층으로 되어 있다. 1층은 라이브 무대가 있는 젊은이의 공간으로,
5월부터 9월까지 하절기에만 개방되고 있는
3층은 연인들을 위한 공간으로 꾸며져 있다.
이곳에서 바라보는 해질 무렵의 황홀한 석양은 마치 서해안의
어느 해변가에 와 있는 듯한 착각을 불러일으킨다.

특히 이곳에서 자랑하는 것이 바로 탁 트인 전경이 눈앞에 펼쳐지고 있는 갑판인데, 밤이 되면 아늑하고 부드러운 색색의 조명이 함께 어우러져 멋진 분위기를 자아내어 밤이면 앉을 자리가 없을 정도로 많은 이들이 찾고 있다.

1층에 있는 수족관도 인상적인데 특별히 수족관에 앉아 식사를 할 수 있는 자리까지 마련되어 있고, 이곳에서 바로 보이는 범선 옆에 있는 호수와 시원스럽게 물을 뿜어내는 분수도 멋스럽다.

이곳에서 즐길 수 있는 메뉴는 다양한데, 고기요리와 생선요리 그리고 코스 요리로 나눠져 있다. 매일 저녁 7시 30분부터 다음날 새벽 1시까지는 라이브 공연도 펼쳐진다.

138

GUIDE | 카페가이드

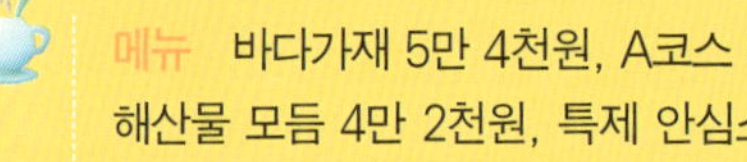

메뉴 바다가재 5만 4천원, A코스 5만 9천원, B코스 4만 5천원, 씨존정식 2만 7천원, 해산물 모듬 4만 2천원, 특제 안심스테이크 3만 2천원, 커피 6천원, 칵테일 1만원, 허브차 8천원

영업시간 오후 12시부터 새벽 2시 30분까지(토요일은 새벽 3시까지)

좌석 수 150석

주차장 50대

라이브 공연 오후 7시 30분부터 12시 30분까지(6차례)

전화 (031) 781 - 0088   **예약** 가능

주소 경기도 성남시 분당구 서현동 51번지

찾아가는 길 판교인터체인지에서 광주 방향으로 시범단지를 지나자마자 새마을 연수원 방향으로 좌회전하여 가다보면 오른쪽의 율동공원으로 가는 길을 만날 수 있다. 바로 이곳 초입에 자리 잡고 있다.

회원카드를 제시하는 손님에게는 음식값을 할인해 주는

예전

"**예**술의 전당"의 줄임말을 이름으로 사용하고 있는 '예전'은 월미도에 문화의 거리가 조성될 때부터 문을 열고 있는 역사를 자랑하는 카페로 월미도 카페촌의 원조격이며, 규모도 크고 건물 모습도 너무 아름다워 월미도 카페촌을 상징하는 곳으로 우뚝 자리 잡았다.

붉은 벽돌로 지어진 건물을 감싸고 아무렇게나 올라가는 담쟁이덩굴이 고풍스런 맛을 느끼게 하고, 안으로 들어서면 원목이 주는 느낌과 엔티크한 분위기의 소품들이 무척 고풍스럽다. 2층에는 단체손님이 이용할 수 있는 커다란 룸이 마련되어 있고, 정통 레스토랑답게 중후한 실내 분위기도 매력적이다.

월미도 카페촌의 다른 곳과는 달리 전체적으로 시끄럽지 않고 클래식한 분위기로 실내가 조금 어두워 창가에 스며드는 햇살이 유난히 깊어 보이는 낭만적인 분위기를 연출하고 있는데, 오히려 이러한 분위기를 즐기려는 연인들이 찾고 있다.

멋진 분위기만큼 음식 맛도 좋은데 특히 이곳은 인스턴트 재료 대신 싱싱한 재료를 푸짐하게 사용하므로 음식이 담

백하고 맛이 있어 이러한 음식에 익숙해진 오래된 단골도 유난히 많다
고 한다.

이곳에선 원하는 손님에게는 회원카드도 발급해 주고 있는데,
회원카드를 제시할 경우에는 음식값의 10%를 할인해주고 있으며,
여름철이나 겨울철에 이곳에서 직접 운영하는 스키강습이나 각종 이벤트에
참여할 수 있는 자격까지 주어지고 있다.

해질 무렵 넓은 창을 통해 바라보는 서해의 낙조는 마치 한 폭의 그림
을 연상시킨다.

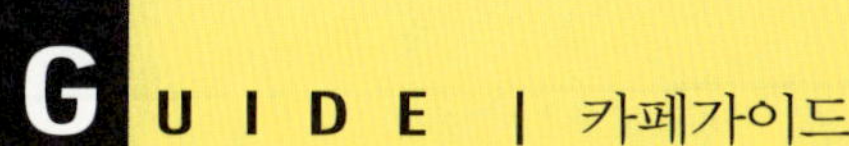

GUIDE | 카페가이드

 **메뉴** 바다가재 정식 3만 5천원, 스파게티 1만원, 안심스테이크 2만 5천원, 피자(S/L) 1만 6천원/2만원, 커피 4천원, 칵테일 6천원, 생과일주스 7천원

 **영업시간** 오전 11시부터 새벽 2시까지

 **좌석 수** 150석

 **주차장** 50대

 **전화** (032) 772-2256　**예약** 가능

 **주소** 인천시 중구 북성동 1가 98-444번지

 **찾아가는 길** 인천 월미도 문화의 거리 안쪽에 있으며, 카페 '네덜란드'에 가기 전 길가에 있다.

시저스

일산 백마 카페촌 안쪽에 자리 잡고 있는 카페 '시저스'는 전통 한식당과 고급스런 분위기의 라운지 바를 갖추고 있으며, 맛있는 요리와 우아한 실내공간이 함께 어우러져 있는 멋진 곳이다.

2004년 3월에 다시 오픈한 이곳은 오픈한 지 얼마 안 되어 깔끔하고 산뜻한 기분을 느낄 수 있으며, 아름다운 건물과 고급스러운 분위기로 TV드라마 촬영장소로도 자주 이용된다.

하얀색의 깔끔하고 아름다운 3층 건물로 이루어진 이곳은 마치 별장을 찾은 듯 하며, 안으로 들어서면 귓가에 감미롭게 울리는 낮은 재즈의 선율, 그리고 엔틱풍의 고급스러운 가구들이 한데 어우러져 '시저스'만의 독특한 분위기를 연출하고 있다.

안과 밖에서 풍기는 고급스러운 분위기 때문에 처음 이곳을 찾은 사람들은 들어서면서 약간 부담스러운 느낌을 가질 수 있으나, 무척 저렴한 음식 가격과 친절한 서비스에 놀라게 된다.

이곳에서 추천하는 메뉴는 고급스러운 분위기와 사뭇 다른 수제비인데, 특별히 항아리수제비를 런치 메뉴로 내놓고 있다.

건물 앞에는 예쁘고 아담한 작은 뜰도 있어 날씨가 좋은 날에는 가족이나 연인이 함께 가벼운 산책까지 즐길 수 있다.

GUIDE | 카페가이드

 **메뉴** 항아리수제비+쑥튀김 5천원, 안심스테이크 2만원, 시저스정식 1만 5천원, 스파게티·그라탕 9천원, 생선까스 1만 2천원, 커피 5천원

 **영업시간** 오전 11시부티 자정까지

 **좌석 수** 80석　　 **주차장** 20대

 **홈페이지** www.csars.co.kr

 **전화** (031) 906-6060　　**예약** 가능

 **주소** 경기도 고양시 일산구 풍동 655-1번지

 **찾아가는 길** 일산 백마 카페촌 안쪽에 자리 잡고 있다. 카페촌을 가로지르는 큰길을 따라 가면 쉽게 찾을 수 있다.

월미도를 찾는 사람들의 사진 촬영장소로 인기를 끌고 있는

몰디브

지상 최고의 낙원이라 불리며 신혼여행지로 각광을 받고 있는 섬 "몰디브"에서 이름을 그대로 따왔다고 하는 카페 '몰디브'는 그 이름 그대로 찾으면 마치 휴양지에 온 듯한 편안함을 느낄 수 있는 인천 월미도에 있는 해변카페이다.

자그마하고 예쁜 성을 연상시키는 카페 '몰디브'는 해변가에 자리잡고 있는 건물 2층에 있다. 특히 1층에서 카페로 올라가는 계단이 무척이나 정겹고 인상적인데, 계단을 장식하고 있는 예쁜 꽃들이 아름다워 월미도를 찾는 이들의 사진 촬영장소로도 인기있는 장소이다.

카페 앞으로 끝없이 펼쳐져 있는 바다를 바라볼 수 있다는 것도 기분 좋다. 비가 오거나 눈이 오는 날에는 더욱 특별함이 있어 찾는 이들이 많다고 하는데, 넓은 창에 어리는 빗방울을 바라보며 또는 끝없이 펼쳐진 넓은 바다에 떨어지는 빗방울을 바라보며 잠시 상념이나 아련한 추억에 빠져들 수 있기 때문이라고 한다.

GUIDE | 카페가이드

 **메뉴** A코스 5만원, B코스 4만원, 안심스테이크 2만 5천원, 스파게티 1만원, 멕시코 쇠고기 나쵸 1만 8천원, 커피 4천원, 칵테일 6천원, 와인 2만 5천원부터

 **영업시간** 오전 10시부터 새벽 2시까지

 **좌석 수** 50석

 **주차장** 8대

 **전화** (032) 772-2434　　**예약** 가능

 **주소** 인천시 중구 북성동 1가 98-61번지

 **찾아가는 길** 인천 월미도 문화의 거리 안쪽에 자리 잡고 있는데, 바로 카페 '네덜란드' 맞은편에 있다.

Cafe

사랑의 감미로움과 라이브가 함께 하는

라이브 카페

비오는 날의 수채화

"빗방울 떨어지는 그 거리에 서서 그대 숨소리 살아 있는 듯 느껴
지면 깨끗한 붓 하나를 숨기듯 지니고 나와 거리에 투명하게 색칠을
하지 음악이 흐르는 그 카페에 초콜릿색 물감으로 빗방울 그려진 가
로등불 아래 보라색 물감으로 세상사람 모두 다 도화지 속에 그려진
마치 풍경처럼 행복하면 좋겠네 욕심 많은 사람들 얼굴 찌푸린 사람
들 마치 그림처럼 행복하면 좋겠어 빗방울 떨어지는 그 거리에 서서
그대 숨소리 살아 있는 듯 느껴지면 깨끗한 붓 하나를 숨기듯 지니고
나와 거리에 투명하게 색칠을 하지"

감미로운, 같은 이름의 노래가 있어 더욱 친근하게 느껴지는 라이브 카페 '비오는 날의 수채화'는 누구에게나 열려 있는 편안한 라이브 카페이다. 이곳은 이름 그대로 "비오는 날의 수채화"를 불렀던 가수 권인하가 운영하고 있는 카페로, 미사리 카페촌 초입에 있다.

모두 2층 구조로 하얀 색조의 건물 외벽과 갈색의 지붕이 깨끗한 이미지를 풍겨주며, 하얀 커튼으로 살그머니 드리워진 실내의 큰 창들이 밖에서 보기에도 운치를 더해주고 있다. 예전만큼 그렇게 화려하지 않고 또 갈수록 상업적으로 조금씩 변질되어 가고 있는 미사리 카페촌에서 '비오는 날의 수채화'는 제대로 된 문화공연장으로 발전해야 한다는 주인의 믿음을 엿볼 수 있는 의미 있는 카페이기도 하다. 때문에 이곳을 찾으면 왠지 기분이 좋아지고 편안해진다.

G UIDE | 카페가이드

 **메뉴** 정식 5만원, 안심스테이크 4만원, 까르보나라 2만 5천원, 커피(주/야) 8천원/1만 2천원, 칵테일(주/야) 1만 3천원/1만 5천원

 **영업시간** 오후 12시부터 새벽 4시까지

 **좌석 수** 200석

 **주차장** 30대

라이브 공연 오후 6시부터 새벽 4시까지

 **전화** (031) 795-5689   **예약** 가능

 **주소** 경기도 하남시 망월동 333-4번지

 **찾아가는 길** 올림픽대로를 따라 팔당대교 방향으로 가다보면 미사리 카페촌을 만날 수 있다. 미사리 카페촌 초입, 큰길가에 있다.

리 스케빈

백운호수를 둘러싸고 있는 많은 카페들 중에서도 호수가 바로 보이는 가장 멋진 곳에 자리 잡고 있는 이곳은 백운호수 바로 진입로에 있어 가장 찾기 쉬운 카페이다.

백운호수에서 학현마을 쪽으로 조금만 가다보면 바로 길가 오른편에 있는 '리스케빈'은 통나무로 지어진 건물로 바로 앞의 백운호수와 멋지게 조화를 이루어 마치 산장 같은 느낌을 주고 있다. 건물 벽에는 기타를 든 "양하영"의 예쁜 포스터가 걸려 있고, 카페 입구 바로 옆 호수와 연결된 공원은 이곳 '리스케빈'의 또 다른 자랑거리로, 호수와 바로 접해 있을 뿐만 아니라 정원이 너무 아름다워 웨딩사진 촬영장소로도 인기가 많다. 이곳에서 평일에는 20쌍, 주말에는 그 배에 가까운 예비 신랑신부들이 사진촬영을 하고 있다고 한다.

동화 속에 나오는 통나무집처럼 정감 있는 이곳은 창 밖으로 바로 호수의 아름다운 정경이 보이고, 넓고 편안한 의자에서 감미로운 라이브 음악을 들을 수 있는 여유로움이 가득한 카페이다. 때문에 연인끼리 찾는다면 더할 나위 없이 좋은 장소이다. 오후 1시 30분부터 자정까지 이어지는 양하영을 비롯한 실력 있는 라이브 가수들의 생생한 공연은 이곳의 또 다른 자랑거리이기도 하다.

GUIDE | 카페가이드

 **메뉴** 스파게티 1만 6천원, 안심과 바다가재 3만 9천원, 정식 2만 9천원, 돈까스 1만 6천원, 커피 1만원, 와인 1만 2천원

 **영업시간** 오전 11시부터 자정까지

 **좌석 수** 80석　　　 **주차장** 30대

 **라이브공연** 저녁 9시부터(양하영 외 다수)

 **전화** (031) 426-1177　　　 **예약** 가능

 **주소** 경기도 의왕시 학의동 406-6번지

 **찾아가는 길** 인덕원 방향에서 서울구치소 방향으로 가다가 서울구치소를 지나 200m쯤 더 가면 청계농협을 만난다. 바로 이곳에서 우회전하여 이정표를 따라 백운호수로 진입, 자동차전용극장을 지나 백운호수변을 끼고 왼쪽 길로 들어서면 바로 길가 초입에 자리 잡고 있다.

유명 가수들의 콘서트장에 와 있는 듯한 기분이 드는

로마

카페를 보는 순간, 저절로 입이 벌어지고 탄성을 자아내게 하는 카페 '로마'는 미사리에 자리 잡고 있는 카페 중에서 가장 웅장한 규모를 자랑하고 있는 라이브 카페이다.

이곳은 낮에도 아름답지만, 밤이 되면 그 멋진 경관은 그 앞을 지나거나 이곳을 찾은 이들의 눈을 다시 한번 휘둥그러지게 만든다.

모든 건물을 밝혀주는 아름다운 조명이 켜진 밤의 전경은 정말 낭만적이고
아름답다. 이 앞을 지나는 차량들이 잠시 정차하여 한번쯤 바라보고
가기 때문에 카페 앞 도로가 정체될 정도라고 한다.

세련된 이미지의 건물을 뒤로 하고 안으로 들어서면 역시 곁에서 보는 그 웅장함 그대로 다른 카페와 감히 비교할 수 없을 정도의 큰 규모에 다시 한번 놀라게 된다. 그러나 이렇게 크고 넓은 규모 때문에 라이브 가수들을 가까이에서 쉽게 접할 수 없고, 친근한 맛은 덜 하지만, 최신식 시설과 멋지고 다양한 무대 조명들은 마치 유명가수의 콘서트에 와 있는 듯한 기분이 든다.

GUIDE | 카페가이드

 **메뉴** 정식 3만 5천원, 비후까스 2만 5천원, 스파게티 1만 5천원, 커피 1만원

 **영업시간** 오전 11시부터 새벽 6시까지

 **좌석 수** 200석

 **주차장** 50대

 **라이브 공연** 최재훈, 이정봉, 정선연 등

 **전화** (031) 793-2305~6   **예약** 가능(주말은 예약 안 됨)

 **주소** 경기도 하남시 덕풍3동 26-20번지

찾아가는 길 올림픽대로를 따라 팔당대교 방향으로 가다보면 미사리 카페촌을 만날 수 있는데, 미사리 카페촌 중간쯤 큰길가에 있다. 워낙 규모가 커 쉽게 찾을 수 있다.

톰 소여의 모험

이 곳은 꿈과 사랑이 담겨 있는 소설의 이름을 그대로 따와서 사용하고 있는 라이브 카페로 팔당대교 초입에 자리 잡고 있다.

겉에서 보기에도 기분 좋은 운치 있는 통나무로 만들어진 이 카페는 라이브 카페답게 감미로운 라이브 음악을 생생하게 들을 수 있다. 그러나 차량이 붐비는 팔당대교 초입 큰길가 바로 옆에 있어 승용차를 이용할 경우 차선을 잘못 잡으면 찾아 들어가기가 좀 힘들다. 그러나 넓은 주차장이 있고 아늑한 휴식공간이 있어 힘들게 찾아도, 찾은 만큼 제값을 하는 카페이다.

바로 강 건너 미사리 카페들과 북한강 주변의 카페들의 특징은 분위기가 좋고 대부분의 카페에서 수준 높은 라이브 공연이 열린다는 점이다. 이곳 역시 포크 음악에서 발라드, 그리고 피아노 연주, 재즈까지 다양하고 수준 높으며 감미로운 라이브 공연이 계속 열리고 있어 주말 저녁이면 이러한 멋진 공연을 감상하기 위해 찾는 이들이 매우 많다.

무려 42가지나 되는 다양하고 마시기 아까울 정도로 향기롭고 예쁜 칵테일도 매력적이며, 입구에 쌓여 있는 장작들이 통나무집 카페인 '톰소여의 모험' 분위기를 한껏 더해주고 있다.

GUIDE | 카페가이드

 **메뉴** 안심스테이크 3만원, 정식 2만 5천원, 일식 돈까스 1만 2천원, 쇠고기볶음밥 1만 5천원, 커피 6천원, 칵테일 9천원

 **영업시간** 오후 1시부터 새벽 2시까지

 **좌석 수** 50석　　 **주차상** 30내

 **라이브공연** 최일범(8시), 윤성일(9시), 이호영(10시) 기타 다수

 **전화** (031) 577-5002　　**예약** 가능

 **주소** 경기도 남양주군 와부읍 팔당리 571번지

 **찾아가는 길** 올림픽도로에서 미사리 카페촌을 지나 팔당대교를 건너서 서울 방향으로 500m쯤 가다보면 바로 길가 오른쪽에 자리 잡고 있다. 그러나 서울 워커힐 방면에서 덕소를 거쳐 이곳을 찾는다고 하면 차선을 주의해야 한다.

엉클톰

재미있는 이름을 가진 라이브 카페 '엉클톰'은 미사리 카페촌에 자리 잡고 있는, 잔잔하고 감미로운 라이브가 자랑거리인 아름다운 카페이다.

녹색지대나 피노키오 등 이곳에 출연하는 가수들 대부분이 잔잔하고 감미로운 음악을 부르는 탓에 이곳을 찾아 그 노래에 젖노라면 편안함은 물론이고 왠지 기분이 좋아짐을 느낄 수 있다.

마치 세종문화회관을 축소하여 만들어 옮겨 놓은 듯한 2층의 건물은 그리 특별해 보이지는 않지만 현대적인 멋이 물씬 풍겨나고 있으며, 안으로 들어서면 넓은 공간에 화려하진 않지만 따스하고 편안한 인테리어들이 '엉클톰' 의 분위기를 더해주고 있다.

넓은 실내 한켠에 마련되어 있는 라이브 무대는 너무 아름다워서 한번쯤 그 자리에 서서 노래를 불렀으면 하는 바람마저 생길 정도이다. 규모에 걸맞게 최고의 출연진도 자랑하고 있는 이곳 '엉클톰' 은 라이브의 황제 전인권을 비롯하여 녹색지대, 박완규, 소냐 등 쟁쟁한 가수들이 라이브 무대에 서고 있다. 라이브 공연은 매일 저녁 5시부터 시작해서 다음날 새벽 4시까지 이어지고 있다.

G UIDE | 카페가이드

 **메뉴** 엉클톰 스페셜 런치 정식 2만 3천원, 해산물스파게티 1만 8천원, 커피 1만 3천원, 복숭아 아이스티 1만 4천원, 칵테일 1만 8천원

 **영업시간** 오후 1시부터 새벽 6시까지

 **좌석 수** 120석　　 **주차장** 100대

 **라이브공연** 전인권, 녹색시대, 박완규, 소냐, 조덕배

홈페이지 www.uncletom.co.kr

 **전화** (031) 795-8401　　**예약** 가능

 **주소** 경기도 하남시 망월동 140-1번지

 **찾아가는 길** 올림픽대로를 따라 팔당대교 방향으로 가다보면 미사리 카페촌을 만날 수 있다. 미사리 카페촌 중간쯤 큰길가에 자리 잡고 있으며, 카페 앞에 이곳을 알리는 이정표가 잘되어 있어 쉽게 찾을 수 있다.

학골

지난 1997년 7월에 문을 연 라이브 카페 '학골' 은 카페라 불리기엔 너무 규모가 큰, 불과 얼마 전까지 라이브 카페의 대명사격으로 가장 인기있던 곳이다.

일산 카페촌에서 가장 큰 규모를 자랑하고 있는 '학골' 은 유명가수의 라이브 공연을 즐길 수 있고 또한 이곳을 찾은 사람이면 누구나 함께 참여할 수 있는 라이브 카페이다. 주로 1980〜1990년대 초에 활동했던 통기타 가수들의 모습을 볼 수 있는 추억의 장소이기도 하며, 웅장한 검은색의 두 동의 건물 중 A동은 칵테일과 생맥주를 즐길 수 있는 가족 레스토랑으로, B동은 특별한 이벤트가 있는 이벤트 바 분위기의 뮤직클럽으로 운영되고 있다.

가족들이 즐겨 찾고 있는 A동에는 오락실이 있어
아이들과 동행한 가족들이 편리하게 이용할 수 있고, 라이브 공연은
매일 오후에 1시간 간격으로 A · B동에서 열리고 있다.

이곳에서 예전에 최고의 인기를 누렸던 이정석과 변진섭 등의 노래를 들을 수 있으며, 특별한 것은 이곳을 찾은 일반인들을 대상으로 학골 가요제를 열고 있다. 이 가요제에는 누구나 참여할 수 있고, 상품까지 걸려 있다.

웅장한 규모답게 먹거리도 양식과 한식 등 다양한 메뉴를 폭넓게 준비하고 있으며, 가족과 함께 오붓한 식사를 원할 경우에는 A동을, 시끌

벅적하고 활기찬 분위기를 좋아하는 젊은이들이거나 연인이라면 B동을
찾는 게 좋다.

GUIDE | 카페가이드

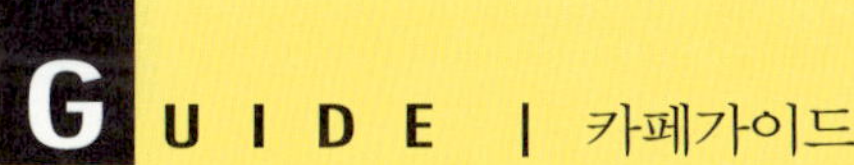 **메뉴** 왕새우 안심스테이크 3만 5천원, 바비큐식 어린돼지 갈비구이 2만 5천원, 해산물과 토마
토스파게티 1만 6천원, 제주갈치조림과 대나무영양밥 1만 7천원, 특선 해물탕 1만 8천원, 커피
6천원, 칵테일 9천원부터

영업시간 오후 2시부터 자정까지

좌석 수 400석　　　　　　　**주차장** 100대

홈페이지 www.hakkol.co.kr

전화 (031) 907-5000, 5050　　　　　**예약** 가능

주소 경기도 고양시 일산구 풍동 655-2번지

찾아가는 길 일산 백마 카페촌 가장 안쪽에 자리 잡고 있다. 카페촌을 가로지르는 도로를 따라
들어서면 쉽게 찾을 수 있다.

인간시장

이름이 조금은 무시무시한 '인간시장'은 이름과 달리 재미있고 다양한 이벤트가 있는 라이브 카페로 라이브 공연은 물론이고 팬터마임과 스트레스를 풀어주는 마술, 그리고 신나는 개그까지 펼쳐지고 있는 특별함이 있는 곳이다.

키 큰 나무들 사이에 아름답고 멋지게 자리 잡고 있는 통나무집 형태의 카페 '인간시장'은 넓은 공터와 도로에서 조금 떨어져 있어 답답하지 않고 시원스러우며, 시야도 확 트여 있다.

시끌벅적한 미사리의 다른 라이브 카페의 분위기와는 달리 문을 열고 안으로 들어서면 예쁜 강아지들이 반갑게 맞이해 준다. 강아지들은 이곳을 찾는 손님들, 특히 연인들의 친구가 되기도 하고 사진 촬영의 모델이 되어 주기도 한다.

GUIDE | 카페가이드

 **메뉴** 랍스터 6만원, 돈까스 2만 9천원, 생선까스 2만 9천원, 페퍼 스테이크 3만 9천원, 커피 1만 5천원, 아이스티 1만 6천원, 칵테일 1만 9천원

 **영업시간** 오후 4시부터 새벽 4시까지

 **좌석 수** 100석  **주차장** 60대

라이브 공연 오후 8시부터 새벽 3시까지, 라이브와 개그를 매시간 교대로 공연

 **전화** (031) 796-3100 **예약** 가능

 **주소** 경기도 하남시 덕풍 3동 29-2번지

 **찾아가는 길** 올림픽대로를 따라 팔당대교 방향으로 가다보면 미사리 카페촌을 만날 수 있는데, 미사리 카페촌 중간쯤 큰길가 오른쪽으로 조금 떨어진 곳에 자리 잡고 있다. 큰길가에 이곳을 알리는 이정표가 잘되어 있어 쉽게 찾을 수 있다.

통나무를 잘라 만든 테이블과 의자가 오래된 시골 초등학교를 연상시키는

백마

일산 백마 카페촌의 이름을 그대로 사용하고 있는 라이브 카페 '백마'는 입구에 있는 백마 조각상이 찾는 이들을 반겨주고 있다. 넓은 마당을 가로질러 안으로 들어서면 황토 흙이 그대로 깔린 바닥과 여기저기 서 있는 조형물들이 이채롭고, 특히 소극장 무대처럼 조명을 달아 만든 라이브 무대가 인상적인 카페이다.

이곳 백마의 첫 느낌은 마치 시골길에서 흔하게 만날 수 있는 오래된 시골 초등학교를 연상시킨다. 그래서 오히려 더욱 정감이 간다. 통나무를 잘라 만든 테이블과 의자가 내부공간을 꽉 채우고 있고, 황색의 벽돌집이 더욱 운치를 더해주고 있다.

이곳의 자랑거리는 바로 양초이다.
안으로 들어서면 테이블 위를 비롯하여 곳곳에 많은 양초가 켜져 있으며
수년 동안 녹아서 생긴 촛농은 그대로 쌓여져 있어
마치 예술 작품을 보는 듯 하다.

라이브 카페답게 평일에는 2차례, 토요일에는 4차례의 라이브 공연이 열리고 있다. 공연 시간이 되면 홀의 중앙을 차지하고 있던 테이블이 치워지고 음악에 취할 수 있는 분위기로 쉽게 바뀌는 것도 이곳 백마에서만 볼 수 있는 라이브 분위기이다.

GUIDE | 카페가이드

메뉴 해물파전 1만 5천원, 불낙전골 3만원, 우렁된장 8천원, 커피 5천원, 전통차 5천원, 생과일
주스 7천원, 동동주 7천원

영업시간 오후 2시부터 새벽 2시까지

좌석 수 80석　　　　**주차장** 30대

홈페이지 www.baekma.co.kr

라이브 공연 평일 : 오후 9시, 11시 / 토요일 : 오후 7시 30분, 9시, 11시, 새벽 1시

전화 (031) 907-0108　　　　**예약** 가능

주소 경기도 고양시 일산구 풍동 614- 4번지

찾아가는 길 일산 백마 카페촌 초입에 자리 잡고 있는데, 카페촌을 가로지르는 큰길을 따라 들어
서다 보면 카페 입구 큰길가 오른쪽에 있다. 입구에 실물크기의 백마 조각상이 있어 쉽게 찾을 수
있다.

아테네

CHAPTER 6

미사리 라이브 카페촌에서도 가장 웅장한 건물을 자랑하는 카페 '아테네'는 이름 그대로 그리스의 아테네 신전이라 말해도 손색이 없을 듯한 멋진 모습을 갖추고 있는 아름다운 카페이다. 멀리서도 쉽게 찾을 수 있을 정도의 웅장하고 인상적인 건물에 아이보리빛과 갈색빛이 적절히 조화되어 꾸며진 '아테네'의 건물 모습은 군더더기 하나 없는 신전 그대로의 깔끔함을 자랑하고 있다.

처음 이곳을 찾은 사람들이 건물을 감상하며 안으로 들어서게 되면 또 한번 놀라게 되는데, 미사리에 자리 잡고 있는 많은 라이브 카페 중에서 가장 큰 규모라는 명성에 걸맞게 홀이 무척 넓기 때문이다.

모든 이들이 편하게 무대를 바라볼 수 있도록 내부시선의 중심에 라이브 무대가 있으며, 인기 연예인들의 콘서트장이라고 말해도 무리가 없을 정도의 음향시설을 자랑한다.

세련된 실내 인테리어들도 기분 좋으며, 이러한 완벽한 분위기에 비해 음식가격은 비교적 저렴한 편이라는 사실도 기분 좋다. 때문에 비교적 호주머니가 가벼운 연인들이라 할지라도 부담 없이 라이브를 즐기면서 '아테네'에서 식사를 하거나 차를 마실 수 있다. 이곳의 라이브 공연은 매일 오후 2시부터 다음날 새벽 4시까지 매시간 진행되고 있다.

그 중에서도 저녁 9시부터 새벽 1시까지는 라이브 공연의 피크 타임

이라고 할 수 있다. 날이 어둑해지는 저녁부터 멋진 건물을 한껏 밝혀주
는 조명도 무척 아름답다.

GUIDE | 카페가이드

 **메뉴** 정식 5만원, 안심스테이크 3만 5천원, 왕새우구이 3만 5천원, 스파게티 1만 7천원, 커피
(주/야) 9천원/1만 2천원, 칵테일 1만 5천원

 **영업시간** 오전 10시부터 새벽 4시까지

 **좌석 수** 460석   **주차장** 150대

라이브 공연 오후 2시부터 새벽 4시까지 매시간 공연

 **전화** (031) 792-3343   **예약** 가능

 **주소** 경기도 하남시 망월동 140-11번지

 **찾아가는 길** 올림픽대로를 따라 팔당대교 방향으로 가다보면 미사리 카페촌을 만날 수 있다. 미
사리 카페촌 중간쯤 큰길가 오른쪽에 자리 잡고 있다.

가림출판사 · 가림M&B · 가림Let's에서 나온 책들

문 학

바늘구멍 켄 폴리트 지음 / 홍영의 옮김 / 신국판 / 342쪽 / 5,300원

레베카의 열쇠 켄 폴리트 지음 / 손연숙 옮김 / 신국판 / 492쪽 / 6,800원

암병선 니시무라 쥬코 지음 / 홍영의 옮김 / 신국판 / 300쪽 / 4,800원

첫키스한 얘기 말해도 될까 김정미 외 7명 지음 / 신국판 / 228쪽 / 4,000원

사미인곡 上·中·下 김충호 지음 / 신국판 / 각 권 5,000원

이내의 끝자리 박수완 스님 지음 / 국판변형 / 132쪽 / 3,000원

너는 왜 나에게 다가서야 했는지 김충호 지음 / 국판변형 / 124쪽 / 3,000원

세계의 명언 편집부 엮음 / 신국판 / 322쪽 / 5,000원

여자가 알아야 할 101가지 지혜
제인 아서 엮음 / 지창국 옮김 / 4×6판 / 132쪽 / 5,000원

현명한 사람이 읽는 지혜로운 이야기
이정민 엮음 / 신국판 / 236쪽 / 6,500원

성공적인 표정이 당신을 바꾼다
마츠오 도오루 지음 / 홍영의 옮김 / 신국판 / 240쪽 / 7,500원

태양의 법 오오카와 류우호오 지음 / 민병수 옮김 / 신국판 / 246쪽 / 8,500원

영원의 법 오오카와 류우호오 지음 / 민병수 옮김 / 신국판 / 240쪽 / 8,000원

석가의 본심 오오카와 류우호오 지음 / 민병수 옮김 / 신국판 / 246쪽 / 10,000원

옛 사람들의 재치와 웃음 강형중·김경익 편저 / 신국판 / 316쪽 / 8,000원

지혜의 쉼터
쇼펜하우어 지음 / 김충호 엮음 / 4×6판 양장본 / 160쪽 / 4,300원

헤세가 너에게
헤르만 헤세 지음 / 홍영의 엮음 / 4×6판 양장본 / 144쪽 / 4.500원

사랑보다 소중한 삶의 의미
크리슈나무르티 지음 / 최윤영 엮음 / 신국판 / 180쪽 / 4,000원

장자-어찌하여 알 속에 털이 있다 하는가
홍영의 엮음 / 4×6판 / 180쪽 / 4,000원

논어-배우고 때로 익히면 즐겁지 아니한가
신도희 엮음 / 4×6판 / 180쪽 / 4,000원

맹자-가까이 있는데 어찌 먼 데서 구하려 하는가
홍영의 엮음 / 4×6판 / 180쪽 / 4,000원

아름다운 세상을 만드는 사랑의 메시지 365
DuMont monte Verlag 엮음 / 정성호 옮김 /
4×6판 변형 양장본 / 240쪽 / 8,000원

황금의 법
오오카와 류우호오 지음 / 민병수 옮김 / 신국판 / 320쪽 / 12,000원

왜 여자는 바람을 피우는가?
기젤라 룬테 지음 / 김현성·진정미 옮김 / 국판 / 200쪽 / 7,000원

건 강

식초건강요법 건강식품연구회 엮음 / 신재용(해성한의원 원장) 감수
가장 쉽게 구할 수 있고 경제적인 식품이면서 상상할 수 없을 정도로 뛰어난
약효를 지닌 식초의 모든 것을 담은 건강지침서! 신국판 / 224쪽 / 6,000원

아름다운 피부미용법 이순희(한독피부미용학원 원장) 지음
피부조직에 대한 기초 이론과 우리 몸의 생리를 알려줌으로써 아름다운 피
부, 젊은 피부를 오래 유지할 수 있는 비결 제시! 신국판 / 296쪽 / 6,000원

버섯건강요법 김병각 외 6명 지음
종양 억제율 100%에 가까운 96.7%를 나타내는 기적의 약용버섯 등 신비의
버섯을 통하여 암을 치료하고 비만, 당뇨, 고혈압, 동맥경화 등 각종 성인병
예방을 위한 생활 건강 지침서! 신국판 / 286쪽 / 8,000원

성인병과 암을 정복하는 유기게르마늄 이상현 편저 / 캬오 샤오이 감수
최근 들어 각광을 받고 있는 새로운 치료제인 유기게르마늄을 통한 성인병,
각종 암의 치료에 대해 상세히 소개. 신국판 / 312쪽 / 9,000원

난치성 피부병 생약효소연구원 지음
현대의학으로도 치유불가능했던 난치성 피부병인 건선·아토피(태열)의 완치
요법이 수록된 건강 지침서. 신국판 / 232쪽 / 7,500원

新 방약합편 정도명 편역
자신의 병을 알고 증세에 맞춰 스스로 처방을 할 수 있고 조제할 수 있는 보
약 506가지 수록. 신국판 / 416쪽 / 15,000원

자연치료의학 오홍근(신경정신과 의학박사·자연의학박사) 지음
대한민국 최초의 자연의학박사가 밝힌 신비의 자연치료의학으로 자연산물을
이용하여 부작용 없이 치료하는 건강 생활 비법 공개!!
신국판 / 472쪽 / 15,000원

약초의 활용과 가정한방 이인성 지음
주변의 흔한 식물과 약초를 활용하여 각종 질병을 간편하게 예방·치료할 수
있는 비법제시. 신국판 / 384쪽 / 8,500원

역전의학 이시하라 유미 지음 / 유태종 감수
일반상식으로 알고 있는 건강상식에 대해 전혀 새로운 관점에서 비판하고 아
울러 새로운 방법들을 제시한 건강 혁명 서적!! 신국판 / 286쪽 / 8,500원

이순희식 순수피부미용법 이순희(한독피부미용학원 원장) 지음
자신의 피부에 맞는 관리법으로 스스로 피부관리를 할 수 있는 방법을 제시
하고 책 속 부록으로 천연팩 재료 사전과 피부 타입별 팩 고르기.
신국판 / 304쪽 / 7,000원

21세기 당뇨병 예방과 치료법 이현철(연세대 의대 내과 교수) 지음
세계 최초 유전자 치료법을 개발한 저자가 당뇨병과 대항하여 가장 확실하게
이길 수 있는 당뇨병에 대한 올바른 이론과 발병시 대처 방법을 상세히 수록!
신국판 / 360쪽 / 9,500원

신재용의 민의학 동의보감 신재용(해성한의원 원장) 지음
주변의 흔한 먹거리를 이용해 신비의 명약이나 보약으로 활용할 수 있는 건
강 지침서로서 저자가 TV나 라디오에서 다 밝히지 못한 한방 및 민간요법까
지 상세히 수록!! 신국판 / 476쪽 / 10,000원

치매 알면 치매 이긴다 배오성(백상한방병원 원장) 지음
B.O.S.요법으로 뇌세포의 기능을 활성화시키고 엔돌핀의 분비효과를 극대화
시켜 증상에 맞는 한약 처방을 병행하여 치매를 치유하는 획기적인 치유법
제시. 신국판 / 312쪽 / 10,000원

21세기 건강혁명 밥상 위의 보약 생식 최경순 지음
항암식품으로, 다이어트식으로, 젊고 탄력적인 피부를 유지할 수 있게 해주
는 자연식으로의 생식을 소개하여 현대인들의 건강 길라잡이가 되도록 하였
다. 신국판 / 348쪽 / 9,800원

기치유와 기공수련 윤한홍(기치유 연구회 회장) 지음
누구나 노력만 하면 개발할 수 있고 활용할 수 있는 기 수련 방법과 기치유
개발 방법 소개. 신국판 / 340쪽 / 12,000원

만병의 근원 스트레스 원인과 퇴치 김지혁(김지혁한의원 원장) 지음

만병의 근원인 스트레스를 속속들이 파헤치고 예방법까지 속시원하게 제시!!
신국판 / 324쪽 / 9,500원

김종성 박사의 뇌졸중 119 김종성 지음
우리나라 사망원인 1위. 뇌졸중 분야의 최고 권위자인 저자가 일상생활에서의 건강관리부터 환자간호에 이르기까지 뇌졸중의 예방, 치료법 등 모든 것 수록. 신국판 / 356쪽 / 12,000원

탈모 예방과 모발 클리닉 장정훈 · 전재홍 지음
미용적인 측면과 우리가 일상적으로 고민하고 궁금해 하는 털에 관한 내용들을 다양하고 재미있게 예들을 들어가면서 흥미롭게 풀어간 것이 이 책의 특징. 신국판 / 252쪽 / 8,000원

구태규의 100% 성공 다이어트 구태규 지음
하이틴 영화배우의 다이어트 체험서. 저자만의 다이어트법을 제시하면서 바람직한 다이어트에 대해서도 알려준다. 건강하게 날씬해지고 싶은 사람들을 위한 필독서! 4×6배판 변형 / 240쪽 / 9,900원

암 예방과 치료법 이춘기 지음
암환자와 가족들을 위해서 암의 치료방법에서부터 합병증의 예방 및 암이 생기기 전에 알 수 있는 방법에 이르기까지 상세하게 해설해 놓은 책.
신국판 / 296쪽 / 11,000원

알기 쉬운 위장병 예방과 치료법 민영일 지음
소화기관인 위와 관련 기관들의 여러 질환을 발병 원인, 증상, 치료법을 중심으로 알기 쉽게 해설해 놓은 건강서. 신국판 / 328쪽 / 9,900원

이온 체내혁명 노보루 야마노이 지음 / 김병관 옮김
새로운 건강관리 이론으로 주목을 받고 있는 음이온을 통해 건강을 돌볼 수 있는 방법 제시. 신국판 / 272쪽 / 9,500원

어혈과 사혈요법 정지천 지음
침과 부항요법 등을 사용하여 모든 질병을 다스릴 수 방법과 우리 주변에서 흔하게 접할 수 있는 각 질병의 상황별 처치를 혈자리 그림과 함께 해설.
신국판 / 308쪽 / 12,000원

약손 경락마사지로 건강미인 만들기 고정환 지음
경락과 민족 고유의 정신 약손을 결합시킨 약손 성형경락 마사지로 수술하지 않고도 자신이 원하는 부위를 고치는 방법을 제시하는 건강 미용서.
4×6배판 변형 / 284쪽 / 15,000원

정유정의 LOVE DIET 정유정 지음
널리 알려진 온갖 다이어트 방법으로 살을 빼려고 노력했던 저자의 고통스러웠던 다이어트 체험담이 실려 있어 지금 살 때문에 고민하는 사람들이 가슴에 와 닿는 나만의 다이어트 계획을 나름대로 세울 수 있을 것이다.
4×6배판 변형 / 196쪽 / 10,500원

머리에서 발끝까지 예뻐지는 부분다이어트 신상만 · 김선민 지음
한약을 먹거나 침을 맞아 살을 빼는 방법, 아로마요법을 이용한 다이어트법, 운동을 이용한 부분비만 해소법 등이 실려 있으므로 나에게 맞는 방법을 선택해 날씬하고 예쁜 몸매를 만들 수 있을 것이다.
4×6배판 변형 / 196쪽 / 11,000원

알기 쉬운 심장병 119 박승정 지음
심장병에 관해 심장질환이 생기는 원인, 증상, 치료법을 중심으로 내용을 상세하게 해설해 놓은 건강서. 신국판 / 248쪽 / 9,000원

알기 쉬운 고혈압 119 이정균 지음
생활 속의 고혈압에 관해 일반인들이 관심을 가지고 예방할 수 있도록 고혈압의 원인, 증상, 합병증 등을 상세하게 해설해 놓은 건강서.
신국판 / 304쪽 / 10,000원

여성을 위한 부인과질환의 예방과 치료 차선희 지음
남들에게는 말할 수 없는 증상들로 고민하고 있는 여성들을 위해 부인암, 골다공증, 빈혈 등 부인과질환을 원인 및 치료방법을 중심으로 설명한 여성건강 정보서. 신국판 / 304쪽 / 10,000원

알기 쉬운 아토피 119 이승규 · 임승엽 · 김문호 · 안유일 지음
감기처럼 흔하지만 암만큼 무서운 아토피 피부염의 원인에서부터 증상, 치료방법, 임상사례, 민간요법을 적용한 환자들의 경험담 등 수록.
신국판 / 232쪽 / 9,500원

120세에 도전한다 이권행 지음
아프지 않고 건강하게 오래 살기를 바라는 현대인들에게 우리 체질에 맞는 식생활습관, 심신 활동, 생활습관, 체질별 · 나이별 양생법을 소개. 장수하고픈 독자들의 궁금증을 풀어줄 것이다. 신국판 / 308쪽 / 11,000원

건강과 아름다움을 만드는 요가 정판식 지음
책을 보고서 집에서 혼자서도 할 수 있는 요가법 수록. 각종 질병에 따른 요가 수정체조법도 담았으며, 별책 부록으로 한눈에 보는 요가 차트 수록.
4×6배판 변형 / 224쪽 / 14,000원

우리 아이 건강하고 아름다운 롱다리 만들기 김성훈 지음
키 작은 우리 아이를 롱다리로 만드는 비법공개. 식사습관과 생활습관만의 변화로도 키를 크게 할 수 있으므로 키 작은 자녀를 둔 부모의 고민을 해결해 준다. 대국전판 / 236쪽 / 10,500원

알기 쉬운 허리디스크 예방과 치료 이종서 지음
전문가들의 의견, 허리병의 치료에서 가장 중요한 운동치료, 허리디스크와 요통에 관해 언론에서 잘못 소개한 기사나 과장 보도한 기사, 대상이 광범위함으로써 생기고 있는 사이비 의술 및 상업적인 의술을 시행하는 상업적인 병원 등을 소개함으로써 허리병을 앓고 있는 사람들에게 정확하고 올바른 지식을 전달하고자 하는 길라잡이서. 대국전판 / 336쪽 / 12,000원

소아과 전문의에게 듣는 알기 쉬운 소아과 119 신영규 · 이강우 · 최성항 지음
새내기 엄마, 아빠를 위해 올바른 육아법을 제시하고 각종 질병에 대한 치료법 및 예방법, 응급처치법을 소개. 4×6배판 변형 / 280쪽 / 14,000원

피가 맑아야 건강하게 오래 살 수 있다 김영찬 지음
현대인이 앓고 있는 고혈압, 당뇨병, 심장병 등은 피가 끈적거리고 혈관이 너덜거려서 생기는 질병이다. 이러한 성인병을 치료하려면 식이요법, 생활습관 개선 등을 통해 피를 맑게 해야 한다. 이 책에서는 피를 맑게 하기 위해 필요한 처방, 생활습관 개선법을 한의학적 관점에서 상세하게 설명하고 있다.
신국판 / 256쪽 / 10,000원

웰빙형 피부 미인을 만드는 나만의 셀프 피부건강 양해원 지음
모든 사람들이 관심 있어 하는 피부 관리를 집에서 할 수 있게 해주는 실용서. 집에서 간단하게 만들 수 있는 화장수, 팩 등을 소개하여 손안의 미용서 역할을 하고 있다. 대국전판 / 144쪽 / 10,000원

내 몸을 살리는 생활 속의 웰빙 항암 식품 이승남 지음
암=사형 선고라는 고정 관념을 깨자는 전제 아래 우리 밥상에서 흔히 볼 수 있는 먹거리로 암을 예방하며 치료하는 방법 소개. 암환자와 그 가족들에게 희망을 안겨 줄 것이다. 대국전판 / 248쪽 / 9,800원

교 육

우리 교육의 창조적 백색혁명 원상기 지음 / 신국판 / 206쪽 / 6,000원

현대생활과 체육 조창남 외 5명 공저 / 신국판 / 340쪽 / 10,000원

퍼펙트 MBA IAE유학네트 지음 / 신국판 / 400쪽 / 12,000원

유학길라잡이 Ⅰ - 미국편
IAE유학네트 지음 / 4×6배판 / 372쪽 / 13,900원

유학길라잡이 Ⅱ - 4개국편
IAE유학네트 지음 / 4×6배판 / 348쪽 / 13,900원

조기유학길라잡이.com
IAE유학네트 지음 / 4×6배판 / 428쪽 / 15,000원

현대인의 건강생활
박상호 외 5명 공저 / 4×6배판 / 268쪽 / 15,000원

천재아이로 키우는 두뇌훈련 나카마츠 요시로 지음 / 민병수 옮김
머리가 좋은 아이로 키우기 위한 환경 만들기, 식사, 운동 등 연령별 두뇌 훈련법 소개. 국판 / 288쪽 / 9,500원

두뇌혁명 나카마츠 요시로 지음 / 민병수 옮김
『뇌내혁명』 하루야마 시게오의 추천작!! 어른들을 위한 두뇌 개발서로, 풍요로운 인생을 만들기 위한 '뇌' 와 '몸' 자극법 제시.
4×6판 양장본 / 288쪽 / 12,000원

테마별 고사성어로 익히는 한자
김경익 지음 / 4×6배판 변형 / 248쪽 / 9,800원

生생 공부비법 이은승 지음
국내 최초 수학과외 수출의 주인공 이은승이 개발한 자기만의 맞춤식 공부학습법 소개. 공부도 하는 법을 알면 목표를 달성할 수 있다고 용기를 북돋우어 주는 실전 공부 비법서. 대국전판 / 272쪽 / 9,500원

자녀를 성공시키는 습관만들기 배은경 지음
성공하는 자녀를 꿈꾸는 부모들이 알아야 할 자녀 교육법 소개. 부모는 자녀 인생의 주연이 아님을 알아야 하며 부모의 좋은 습관, 건전한 생각이 자녀의 성공 인생을 가져온다는 내용을 담은 부모 및 자녀 모두를 위한 자기 계발서. 대국전판 / 232쪽 / 9,500원

취미 · 실용

김진국과 같이 배우는 와인의 세계 김진국 지음
포도주 역사에서 분류, 원료 포도의 종류와 재배, 양조 · 숙성 · 저장, 시음법, 어울리는 요리와 와인의 유통과 소비, 와인 시장의 현황과 전망, 와인 판매 요령, 와인의 보관과 재고의 회전, '와인 양조 비밀의 모든 것'을 동영상으로 담은 CD까지, 와인의 모든 것이 담긴 종합학습서.
국배판 변형양장본(올 컬러판) / 208쪽 / 30,000원

경제 · 경영

CEO가 될 수 있는 성공법칙 101가지
김승룡 편역 / 신국판 / 320쪽 / 9,500원

정보소프트 김승룡 지음 / 신국판 / 324쪽 / 6,000원

기획대사전 다카하시 겐코 지음 / 홍영의 옮김
기획에 관련된 모든 사항을 실례와 도표를 통하여 초보자에서 프로기획맨에 이르기까지 효율적으로 활용할 수 있도록 체계적으로 총망라하였다.
신국판 / 552쪽 / 19,500원

맨손창업 · 맞춤창업 BEST 74 양혜숙 지음
창업대행 현장 전문가가 추천하는 유망업종을 7가지 주제별로 나누어 수록한 맞춤창업서로 창업예비자들에게 창업의 길을 밝혀줄 발로 뛰면서 만든 실무 지침서!! 신국판 / 416쪽 / 12,000원

무자본, 무점포 창업! FAX 한 대면 성공한다
다카시로 고시 지음 / 홍영의 옮김 / 신국판 / 226쪽 / 7,500원

성공하는 기업의 인간경영 중소기업 노무 연구회 편저 / 홍영의 옮김
무한경쟁시대에서 각 기업들의 다양한 경영 실태 속에서 인사 · 노무 관리 개선에 있어서 기업의 효율을 높이고 발전을 이룰 수 있는 원칙을 제시.
신국판 / 368쪽 / 11,000원

21세기 IT가 세계를 지배한다 김광희 지음
21세기 화두로 떠오른 IT혁명의 경쟁력에 대해서 전문가의 논리적이고 철저한 해설과 더불어 매장 끝까지 실제 사례를 곁들여 설명.
신국판 / 380쪽 / 12,000원

경제기사로 부자아빠 만들기 김기태 · 신현태 · 박근수 공저
날마다 배달되는 경제기사를 꼼꼼히 챙겨보는 사람만이 현대생활에서 부자가 될 수 있다. 언론인의 현장감각과 학자의 전문성을 접목시킨 것이 이 책의 특성! 누구나 이 책을 읽고 경제원리를 체득, 경제예측을 할 수 있게 준비된 생활경제서적. 신국판 / 388쪽 / 12,000원

포스트 PC의 주역 정보가전과 무선인터넷 김광희 지음
포스트 PC의 주역으로 급부상하고 있는 정보가전과 무선인터넷 그리고 이를 구현하기 위한 관련 테크놀러지를 체계적으로 소개.
신국판 / 356쪽 / 12,000원

성공하는 사람들의 마케팅 바이블 채수명 지음
최근의 이론을 보완하여 내놓은 마케팅 관련 실무서. 마케팅의 정보전략, 핵심요소, 컨설팅실무까지 저자의 노하우와 창의적인 이론이 결합된 마케팅서.

신국판 / 328쪽 / 12,000원

느린 비즈니스로 돌아가라 사카모토 게이이치 지음 / 정성호 옮김
미국식 스피드 경영에 익숙해져 현실의 오류를 간과하고 있는 사람들을 위한 어떻게 팔 것인가보다 무엇을 팔 것인가를 설명하는 마케팅 컨설턴트의 대안 제시서! 신국판 / 276쪽 / 9,000원

적은 돈으로 큰돈 벌 수 있는 부동산 재테크 이원재 지음
700만 원으로 부동산 재테크에 뛰어들어 100배 불린 저자가 부동산 재테크를 계획하고 있는 사람들이 반드시 알아두어야 할 내용을 경험담을 담아 해설해 놓은 경제서. 신국판 / 340쪽 / 12,000원

바이오혁명 이주영 지음
21세기 국가간 경쟁부문으로 새로이 떠오르고 있는 바이오혁명에 관한 기초 지식을 언론사에 몸담고 있는 현직 기자가 아주 쉽게 해설해 놓은 바이오 가이드서. 바이오 관련 용어 해설 수록. 신국판 / 328쪽 / 12,000원

성공하는 사람들의 자기혁신 경영기술 채수명 지음
자기 계발을 통한 신지식 자기경영마인드를 갖추어야 한다는 전제 아래 그 방법을 자세하게 알려주는 자기계발 지침서. 신국판 / 344쪽 / 12,000원

CFO 교텐 토요오 · 타하라 오키시 지음 / 민병수 옮김
일반인들에게 생소한 용어인 CFO, 즉 최고 재무책임자의 역할이 지금까지와는 완전히 달라져야 한다. 기업을 이끌어가는 새로운 키잡이로서의 CFO의 역할, 위상 등을 일본의 기업을 중심으로 하여 알아보고 바람직한 방향을 제시한다. 신국판 / 312쪽 / 12,000원

네트워크시대 네트워크마케팅 임동학 지음
학력, 사회적 지위 등에 관계 없이 자신이 노력한 만큼 돈을 벌 수 있는 네트워크마케팅에 관해 알려주는 안내서. 신국판 / 376쪽 / 12,000원

성공리더의 7가지 조건 다이앤 트레이시 · 윌리엄 모건 지음 / 지창영 옮김
개인과 팀, 조직관계의 개선을 위한 방향제시 및 실천을 위한 안내자 역할을 해주는 책. 현장에서 활용할 수 있는 실용서. 신국판 / 360쪽 / 13,000원

김종결의 성공창업 김종결 지음
누구나 창업을 할 수는 있지만 아무나 돈을 버는 것은 아니다라는 전제 아래 중견 연기자로서, 음식점 사장님으로 성공한 탤런트 김종결의 성공비결을 통해 창업전략과 성공전략을 제시한다. 신국판 / 340쪽 / 12,000원

최적의 타이밍에 내 집 마련하는 기술 이원재 지음
부동산을 통한 재테크의 첫걸음 '내 집 마련'의 결정판. 체계적이고 한눈에 쏙 들어 오는 '내 집 장만 과정'을 쉽게 풀어놓은 부동산재테크서.
신국판 / 248쪽 / 10,500원

컨설팅 세일즈 *Consulting sales* 임동학 지음
발로 뛰는 영업이 아니라 머리로 하는 영업이 절실히 요구되는 시대 상황에 맞추어 고객지향의 세일즈, 과제해결 세일즈, 구매자와 공급자 간에 서로 만족하는 세일즈법 제시. 대국전판 / 336쪽 / 13,000원

연봉 10억 만들기 김농주 지음
연봉으로 말해지는 임금을 재테크 하여 부자가 될 수 있는 방법 제시. 고액의 연봉을 받기 위해서 개인이 갖추어야 할 실무적 능력, 태도, 마음가짐, 재테크 수단 등을 각 주제에 따라 구체적으로 제시함으로써 부자를 꿈꾸는 사람들이 그 희망을 이룰 수 있게 해준다. 국판 / 216쪽 / 10,000원

주5일제 근무에 따른 한국형 주말창업 최효진 지음
우리나라 실정에 맞는 주말창업 아이템의 제시 및 창업시 필요한 정보를 얻을 수 있는 곳, 주의해야 할 점, 실전 인터넷 쇼핑몰 창업, 표준사업계획서 등을 수록하여 지금 당장이라도 내 사업을 할 수 있게 해주는 창업 길라잡이서.
신국판 변형 양장본 / 216쪽 / 10,000원

주 식

개미군단 대박맞이 주식투자 홍성걸(한양증권 투자분석팀 팀장) 지음
초보에서 인터넷을 활용한 주식투자까지 필자의 현장에서의 경험을 바탕으로 한 주식 성공전략의 모든 정보 수록. 신국판 / 310쪽 / 9,500원

알고 하자! 돈 되는 주식투자 이길영 외 2명 공저
일본과 미국의 주식시장을 철저한 분석과 데이터화를 통해 한국 주식시장의

투자의 흐름을 파악함으로써 한국 주식시장에서의 확실한 성공전략 제시!!
신국판 / 388쪽 / 12,500원

항상 당하기만 하는 개미들의 매도 · 매수타이밍 999% 적중 노하우　강경무 지음
승부사를 꿈꾸며 와신상담하는 모든 이들에게 희망의 등불이 될 것을 확신하
는 Jusicman이 주식시장에서 돈벌고 성공할 수 있는 비결 전격공개!!
신국판 / 336쪽 / 12,000원

부자 만들기 주식성공클리닉　이창회 지음
저자의 경험담을 섞어서 주식이란 무엇인가를 풀어서 써놓은 주식입문서. 초
보자와 자신을 성찰해볼 기회를 가지려는 기존의 투자자를 위해 태어났다.
신국판 / 372쪽 / 11,500원

선물 · 옵션 이론과 실전매매　이창회 지음
선물과 옵션시장에서 일반인들이 실패하는 원인을 분석하고, 반드시 지켜야
할 투자원칙에 따라 유형별로 실전 매매 테크닉을 터득함으로써 투자를 성공
적으로 할 수 있게 한 지침서!!　신국판 / 372쪽 / 12,000원

너무나 쉬워 재미있는 주가차트　홍성무 지음
주식시장에서는 차트 분석을 통해 주가를 예측하는 투자자만이 주식투자에
서 성공하므로 차트에서 급소를 신속, 정확하게 뽑아내 매매타이밍을 잡는
방법을 알려주는 주식투자 지침서.　4×6배판 / 216쪽 / 15,000원

역 학

역리종합 만세력　정도명 편저 / 신국판 / 532쪽 / 10,500원
작명대전　정보국 지음 / 신국판 / 460쪽 / 12,000원
하락이수 해설　이천교 편저 / 신국판 / 620쪽 / 27,000원
현대인의 창조적 관상과 수상　백운산 지음 / 신국판 / 344쪽 / 9,000원
대운용신영부적　정재원 지음 / 신국판 양장본 / 750쪽 / 39,000원
사주비결활용법　이세진 지음 / 신국판 / 392쪽 / 12,000원
컴퓨터세대를 위한 新 성명학대전　박용찬 지음 / 신국판 / 388쪽 / 11,000원
길흉화복 꿈풀이 비법　백운산 지음 / 신국판 / 410쪽 / 12,000원
새천년 작명컨설팅　정재원 지음 / 신국판 / 470쪽 / 13,000원
백운산의 신세대 궁합　백운산 지음 / 신국판 / 304쪽 / 9,500원
동자삼 작명학　남시모 지음 / 신국판 / 496쪽 / 15,000원
구성학의 기초　문길여 지음 / 신국판 / 412쪽 / 12,000원

법률 일반

여성을 위한 성범죄 법률상식　조명원(변호사) 지음
성희롱에서 성폭력범죄까지 여성이었기 때문에 특히 말 못하고 당해야만 했
던 이 땅의 여성들을 위한 성범죄 법률상식서. 사례별 법적 대응방법 제시.
신국판 / 248쪽 / 8,000원

아파트 난방비 75% 절감방법　고영근 지음
예비역 공군소장이 잘못 부과된 아파트 난방비를 최고 75%까지 줄일 수 있
는 방법을 구체적인 법직 근거를 토내로 삭성한 아파트 난방비 절감방법 제
시.　신국판 / 238쪽 / 8,000원

일반인이 꼭 알아야 할 절세전략 173선　최성호(공인회계사) 지음
세법을 제대로 알면 돈이 보인다. 현직 공인중계사가 알려주는 합법적으로
세금을 덜 내고 돈을 버는 절세전략의 모든 것!　신국판 / 392쪽 / 12,000원

변호사와 함께하는 부동산 경매　최환주(변호사) 지음
새 상가건물임대차보호법에 따른 권리분석과 채무자나 세입자의 권리방어기
법은 제시한다. 또한 새 민사집행법에 따른 각 사례별 해설도 수록.
신국판 / 404쪽 / 13,000원

혼자서 쉽고 빠르게 할 수 있는 소액재판　김재용 · 김종철 공저
나홀로 소액재판을 할 수 있도록 소장작성에서 판결까지의 실제 재판과정을

상세하게 수록하여 이 책 한 권이면 모든 것을 완벽하게 해결할 수 있다.
신국판 / 312쪽 / 9,500원

"술 한 잔 사겠다"는 말에서 찾아보는 채권 · 채무　변환철(변호사) 지음
일반인들이 꼭 알아야 할 채권 · 채무에 관한 법률 사항을 빠짐없이 수록.
신국판 / 408쪽 / 13,000원

알기쉬운 부동산 세무 길라잡이　이건우(세무서 재산계장) 지음
부동산에 관련된 모든 세금을 알기 쉽게 단계별로 해설. 합리적이고 탈세가
아닌 적법한 절세법 제시.　신국판 / 400쪽 / 13,000원

알기쉬운 어음, 수표 길라잡이　변환철(변호사) 지음
어음, 수표의 발행에서부터 도난 또는 분실한 경우의 공시최고와 제권판결에
이르기까지 어음, 수표 관련 법률사항을 쉽고도 상세하게 압축해 놓은 생활
법률서.　신국판 / 328쪽 / 11,000원

제조물책임법　강동근(변호사) · 윤종성(검사) 공저
제품의 설계, 제조, 표시상의 결함으로 소비자가 피해를 입었을 때 제조업자
가 배상책임을 져야 하는 제조물책임 시대를 맞아 제조업자가 갖춰야 할 법
률적 지식을 조목조목 설명해 놓은 법률서.　신국판 / 368쪽 / 13,000원

알기 쉬운 주5일근무에 따른 임금 · 연봉제 실무　문강분(공인노무사) 지음
최근의 행정해석과 판례를 중심으로 임금관련 문제를 정리하고 기업에서 관
심이 많은 연봉제 및 성과배분제, 비정규직문제, 여성근로자문제 등의 이슈
들과 주40시간제 법개정, 퇴직연금제 도입 등 최근의 법 · 시행령 개정사항을
모두 수록한 임금 · 연봉제실무 지침서.　4×6배판 변형 / 544쪽 / 35,000원

변호사 없이 당당히 이길 수 있는 형사소송　김대환 지음
우리 생활과 함께 숨쉬는 형사법 서식을 구체적인 사례와 함께 소개. 내 손으
로 간결하고 명확한 고소장 · 항소장 · 상고장 등 형사소송서식을 작성할 수
있다. 형사소송 관련 서식 CD 수록.　신국판 / 304쪽 / 13,000원

변호사 없이 당당히 이길 수 있는 민사소송　김대환 지음
민사, 호적과 가사를 포함한 생활과 밀접한 관련이 있는 생활법률 전반을 보
통 사람들이 가장 궁금해하는 내용을 위주로 하여 사례를 들어가며 아주 쉽
게 풀어놓은 민사 실무서.　신국판 / 412쪽 / 14,500원

혼자서 해결할 수 있는 교통사고 Q&A　조명원(변호사) 지음
현실에서 본인이 아무리 원하지 않더라도 운명처럼 누구에게나 닥칠 수 있는
교통사고 문제를 사례, 각급 법원의 주요 판례와 함께 정리하여 일반인들도
쉽게 이해할 수 있도록 내용 구성.　신국판 / 336쪽 / 12,000원

생활법률

부동산 생활법률의 기본지식
대한법률연구회 지음 / 김원중(변호사) 감수 / 신국판 / 480쪽 / 12,000원

고소장 · 내용증명 생활법률의 기본지식
하태웅(변호사) 지음 / 신국판 / 440쪽 / 12,000원

노동 관련 생활법률의 기본지식
남동희(공인노무사) 지음 / 신국판 / 528쪽 / 14,000원

외국인 근로자 생활법률의 기본지식
남동희(공인노무사) 지음 / 신국판 / 400쪽 / 12,000원

계약작성 생활법률의 기본지식
이상도(변호사) 지음 / 신국판 / 560쪽 / 14,500원

지적재산 생활법률의 기본지식
이상도(변호사) · 조의제(변리사) 공저 / 신국판 / 496쪽 / 14,000원

부당노동행위와 부당해고 생활법률의 기본지식
박영수(공인노무사) 지음 / 신국판 / 432쪽 / 14,000원

주택 · 상가임대차 생활법률의 기본지식
김운용(변호사) 지음 / 신국판 / 480쪽 / 14,000원

하도급거래 생활법률의 기본지식
김진홍(변호사) 지음 / 신국판 / 440쪽 / 14,000원

이혼소송과 재산분할 생활법률의 기본지식
박동섭(변호사) 지음 / 신국판 / 460쪽 / 14,000원

부동산등기 생활법률의 기본지식
정상태(법무사) 지음 / 신국판 / 456쪽 / 14,000원

기업경영 생활법률의 기본지식
안동섭(단국대 교수) 지음 / 신국판 / 466쪽 / 14,000원

교통사고 생활법률의 기본지식
박정무(변호사) · 전병찬 공저 / 신국판 / 480쪽 / 14,000원

소송서식 생활법률의 기본지식
김대환 지음 / 신국판 / 480쪽 / 14,000원

호적 · 가사소송 생활법률의 기본지식
정주수(법무사) 지음 / 신국판 / 516쪽 / 14,000원

상속과 세금 생활법률의 기본지식
박동섭(변호사) 지음 / 신국판 / 480쪽 / 14,000원

담보 · 보증 생활법률의 기본지식
류창호(법학박사) 지음 / 신국판 / 436쪽 / 14,000원

소비자보호 생활법률의 기본지식
김성천(법학박사) 지음 / 신국판 / 504쪽 / 15,000원

처 세

성공적인 삶을 추구하는 여성들에게 우먼파워
조안 커너 · 모이라 레이너 공저 / 지창영 옮김
사회의 여성을 향한 냉대와 편견의 벽을 깨뜨리고 성공적인 삶을 이루려는
여성들이 갖추어야 할 자세 및 삶의 이정표 제시!! 신국판 / 352쪽 / 8,800원

이익이 되는 말 損해가 되는 말 우메시마 미요 지음 / 정성호 옮김
직장이나 집안에서 언제나 주고받는 일상의 화제를 모아 실음으로써 대화의
참의미를 깨닫고 비즈니스를 성공적으로 이끌기 위한 대화술을 키우는 방법
제시!! 신국판 / 304쪽 / 9,000원

성공하는 사람들의 화술테크닉 민영욱 지음
개인간의 사적인 대화에서부터 대중을 위한 공적인 강연에 이르기까지 어떻
게 말하고 어떻게 스피치를 할 것인가에 관한 지침서.
신국판 / 320쪽 / 9,500원

부자들의 생활습관 가난한 사람들의 생활습관
다케우치 야스오 지음 / 홍영의 옮김
경제학의 발상을 기본으로 하여 사람들이 살아가면서 생활에서 생각해 볼 수
있는 이익을 보는 생활습관과 손해를 보는 생활습관을 수록, 독자 자신에게
맞는 생활습관의 기본 전략을 설계할 수 있도록 제시.
신국판 / 320쪽 / 9,800원

코끼리 귀를 당긴 원숭이-히딩크식 창의력을 배우자 강충인 지음
코끼리와 원숭이의 우화를 히딩크의 창조적 경영기법과 리더십에 대비하여
자기혁신, 기업혁신을 꾀하는 창의력 개발법을 제시.
신국판 / 208쪽 / 8,500원

성공하려면 유머와 위트로 무장하라 민영욱 지음
21세기에 들어 새로운 추세를 형성하고 있는 말 잘하기. 이러한 추세에 맞추
어 현재 스피치 강사로 활약하고 있는 저자가 말을 잘하는 방법과 유머와 위
트를 만들고 즐기는 방법을 제시한다. 신국판 / 292쪽 / 9,500원

등소평의 오뚝이전략 조창남 편저
중국 역사상 정치 · 경제 · 학문 등의 분야에서 최고 위치에 오른 리더들의 인
재활용, 상황 극복법 등 처세 전략 · 전술을 통해 이 시대의 성공인으로 자리
매김하는 해법 제시. 신국판 / 304쪽 / 9,500원

노무현 화술과 화법을 통한 이미지 변화 이현정 지음
현재 불교방송에서 활동하고 있는 이현정 아나운서의 화술 길라잡이서. 노무
현 대통령의 독특한 화술과 화법을 통해 리더로서, 성공인으로서 갖추어야
할 화술 화법을 배우는 화술 실용서. 신국판 / 320쪽 / 10,000원

성공하는 사람들의 토론의 법칙 민영욱 지음

다양한 사람들의 다양한 욕구를 하나로 응집시키는 수단으로 등장하고 있는
토론에 관해 간단하고 쉽게 제시한 토론 길라잡이서.
신국판 / 280쪽 / 9,500원

사람은 칭찬을 먹고산다 민영욱 지음
현대에서 성공하는 사람으로 남기 위해서는 남을 칭찬할 줄도 알아야 한다.
성공하는 사람이 되기 위해서 알아야 할 칭찬 스피치의 기법, 특징 등을 실생
활에 적용해 설명해놓은 성공처세 지침서. 신국판 / 268쪽 / 9,500원

사과의 기술 김농주 지음
미안하다는 말에 인색한 한국인들에게 "I' sorry."가 성공을 위한 처세 기법으
로 다가온다. 직장, 가정 등 다양한 환경에서 사과 한마디의 의미, 기능을 알
아보고 효율성을 가진 사과가 되기 위해 갖추어야 할 조건을 제시한다.
신국판 변형 양장본 / 200쪽 / 10,000원

취업 경쟁력을 높여라 김농주 지음
각 기업별 특성 및 취업 정보 분석과 예비 취업자의 능력 개발, 자신의 적성
에 맞는 직종과 직장을 잡는 법을 상세하게 수록. 신국판 / 280쪽 / 12,000원

명 상

명상으로 얻는 깨달음 달라이 라마 지음 / 지창영 옮김
티베트의 정신적 지도자이자 실질적 지도자인 달라이 라마의 수많은 가르침
가운데 현대인에게 필요해지고 있는 인내에 대한 이야기.
국판 / 320쪽 / 9,000원

어 학

2진법 영어 이상도 지음
2진법 영어의 비결을 통해서 기존 영어학습 방법의 단점을 말끔히 해소시켜
주는 최초로 공개되는 고효율 영어학습 방법. 적은 시간을 투자하여 영어의
모든 것을 획기적으로 향상시킬 수 있는 비법을 제시한다.
4×6배판 변형 / 328쪽 / 13,000원

한 방으로 끝내는 영어 고제윤 지음
일상생활에서의 이야기를 바탕으로 하는 영어강의로 영어문법은 재미없고
지루하다고 생각하는 이 땅의 모든 사람들의 상식을 깨면서 학습 효과를 높
이기 위한 공부방법을 제시하는 새로운 영어학습서.
신국판 / 316쪽 / 9,800원

한 방으로 끝내는 영단어 김승엽 지음 / 김수경 · 카렌다 감수
일상생활에서 우리가 무심코 던지는 영어 한마디가 당신의 영어수준을 드러
낸다는 사실을 깨닫게 하는 영어 실용서. 풍부한 예문을 통해 참영어를 배우
겠다는 사람, 무역업이나 관광 안내업에 종사하는 사람, 영어권 나라로 이민
을 가려는 사람들에게 많은 도움을 줄 것이다.
4×6배판 변형 / 236쪽 / 9,800원

해도해도 안 되던 영어회화 하루에 30분씩 90일이면 끝낸다
Carrot Korea 편집부 지음
온라인과 오프라인을 넘나들면서 영어학습자들의 각광을 받고 있는 린다의
현지 생활 영어 수록. 교과서에서 배울 수 없었던 생생한 실생활 영어를 90일
학습으로 모두 끝낼 수 있다. 4×6배판 변형 / 260쪽 / 11,000원

바로 활용할 수 있는 기초생활영어 김수경 지음
다양한 상황에 대처할 수 있도록 인사나 감정 표현, 전화나 교통, 장소 및 기
타 여러 사항에 관한 기초생활영어를 총망라. 신국판 / 240쪽 / 10,000원

바로 활용할 수 있는 비즈니스영어 김수경 지음
해외 출장시, 외국의 바이어 접견시 기본적으로 사용할 수 있는 상황별 센텐
스를 수록하여 해외 출장 준비 및 외국 바이어 접견을 완벽하게 끝낼 수 있게
했다. 신국판 / 252쪽 / 10,000원

생존영어55 홍일록 지음
살아 있는 영어를 익힐 수 있는 기회 제공. 반드시 알아야 할 핵심 센텐스를
저자가 미국 현지에서 겪었던 황당한 사건들과 함께 수록, 재미도 느낄 수 있
다. 신국판 / 224쪽 / 8,500원

필수 여행영어회화 한현숙 지음
해외로 여행을 갔을 때 원어민에게 바로 통할 수 있는 발음 수록. 자신 있고 당당한 자기 표현으로 즐거운 여행을 할 수 있도록 손안의 가이드 역할을 해 줄 것이다. 4×6판 변형 / 328쪽 / 7,000원

필수 여행일어회화 윤영자 지음
가깝고도 먼 나라라고 흔히 말해지는 일본을 제대로 알기 위해 노력하는 사람들에게 손안의 가이드 역할을 하는 실전 일어회화집. 일어 초보자들을 위한 한글 발음 표기 및 필수 단어 수록. 4×6판 변형 / 264쪽 / 6,500원

필수 여행중국어회화 이은진 지음
중국에서의 생활이나 여행에 꼭 필요한 상황별 회화, 반드시 알아야 할 1500여 개의 단어에 한자병음과 우리말 표기를 원음에 가깝게 달아 놓았으므로 든든한 도우미가 되어 줄 것이다. 4×6판 변형 / 256쪽 / 7,000원

영어로 배우는 중국어 김승엽 지음
중국으로 여행을 가거나 출장을 가는 사람들이 알아두어야 할 기초 생활 회화와 여행 회화를 영어, 중국어 동시에 익힐 수 있게 내용을 구성.
신국판 / 216쪽 / 9,000원

필수 여행스페인어회화 유연창 지음
은행, 병원, 교통 수단 이용하기 등 외국에서 직접적으로 맞닥뜨리게 되는 상황을 설정하여 바로바로 도움을 받을 수 있게 간단한 회화를 한글 발음 표기와 같이 수록하여 손안의 도우미 역할을 해줄 것이다.
4×6판 변형 / 288쪽 / 7,000원

바로 활용할 수 있는 홈스테이 영어 김형주 지음
일반 가정생활, 학교생활에서 꼭 알아야 할 상황별 회화 · 문법 · 단어를 수록, 유학생활 동안 원어민 가족과 살면서 영어를 좀더 쉽게 배울 수 있도록 알려주는 안내서. 신국판 / 184쪽 / 9,000원

레포츠

수열이의 브라질 축구 탐방 삼바 축구, 그들은 강하다 이수열 지음
축구에 대한 관심만으로 각 나라의 축구팀, 특히 브라질 축구팀에 애정을 가지고 브라질 축구팀의 전력 및 각 선수들의 장단점을 나름대로 분석하고 연구하여 자신의 의견을 피력하고 있는 축구 길라잡이서.
신국판 / 280쪽 / 8,500원

마라톤, 그 아름다운 도전을 향하여
빌 로저스 · 프리실라 웰치 · 조 헨더슨 공저 / 오인환 감수 / 지창영 옮김
마라톤에 입문하고자 하는 초보 주자들을 위한 마라톤 가이드서. 올바르게 달리는 법, 음식 조절법, 달리기 전 준비운동, 주자에게 맞는 프로그램 짜기, 부상 예방법을 상세하게 설명하고 있다. 4×6배판 / 320쪽 / 15,000원

퍼팅 메커닉 이근택 지음
감각에 의존하는 기존 방식의 퍼팅은 이제 그만!! 저자 특유의 과학적 이론을 신체근육 운동학에 접목시켜 몸의 무리를 최소한으로 덜고 최대한의 정확성과 거리감을 갖게 하는 새로운 퍼팅 메커닉 북.
4×6배판 변형 / 192쪽 / 18,000원

아마골프 가이드 정영호 지음
골프를 처음 시작하는 모든 아마추어 골퍼를 위해 보다 쉽고 빠르게 이해할 수 있도록 내용이 구성된 아마골프 레슨 프로그램서.
4×6배판 변형 / 216쪽 / 12,000원

인라인스케이팅 100%즐기기 임미숙 시음
인라인 스케이팅을 안전하고 재미있게 즐길 수 있도록 알려주는 인라인 스케이팅 지침서. 각 단계별 동작을 한눈에 알아볼 수 있도록 세부 동작별 일러스트 수록. 4×6배판 변형 / 172쪽 / 11,000원

배스낚시 테크닉 이종건 지음
현재 한국배스스쿨에서 강사로 활약하고 있는 아마추어 배스 낚시꾼이 중급 수준의 배스 낚시꾼들이 자신의 실력을 한 단계 업그레이드 시킬 수 있도록 루어의 활용, 응용법 등을 상세하게 해설. 4×6배판 / 440쪽 / 20,000원

나도 디지털 전문가 될 수 있다!!! 이승훈 지음
깜찍한 디자인과 간편하게 휴대할 수 있다는 장점 때문에 새로운 생활필수품

으로 자리를 잡아가고 있는 디카 · 디캠을 짧은 시간 안에 쉽게 배울 수 있도록 해놓은 초보자를 위한 디카 · 디캠길라잡이서.
4×6배판 / 320쪽 / 19,200원

스키 100% 즐기기 김동환 지음
스키 인구의 확산 추세에 따라 스키의 기초 이론 및 기본 동작부터 상급의 기술까지 단계별 동작을 전문가의 동작사진을 곁들여 내용 구성.
4×6배판 변형 / 184쪽 / 12,000원

태권도 총론 하웅의 지음
우리의 국기 태권도에 관한 실용 이론서. 지도자가 알아야 할 사항, 태권도장 운영이론, 응급처치법 및 태권도 경기규칙 등 필수 내용만 수록.
4×6배판 / 288쪽 / 15,000원

건강하고 아름다운 동양란 기르기 난마을 지음
동양란 재배의 첫걸음부터 전시회 출품까지 동양란의 모든 것 수록. 동양란의 구조 · 특징 · 종류 · 감상법, 꽃대 관리 · 꽃 피우기 · 발색 요령 등 건강하고 아름다운 동양란 만들기로 구성. 4×6배판 변형 / 184쪽 / 12,000원

수영 100% 즐기기 김종만 지음
물 적응하기부터 수영용품, 수영과 건강, 응용수영 및 고급 수영기술에 이르기까지 주옥 같은 수중촬영 연속사진으로 자세히 설명해 주는 수영기법 Q&A. 4×6배판 변형 / 248쪽 / 13,000원

애완견114 황양원 엮음
애완견 길들이기, 애완견의 먹거리, 멋진 애완견 만들기, 애완견의 질병 예방과 건강, 애완견의 임신과 출산, 애완견에 대한 기타 관리 등 애완견을 기를 때 반드시 알아야 할 내용 수록. 4×6배판 변형 / 228쪽 / 13,000원

건강을 위한 웰빙 걷기 이강옥 지음
건강 운동으로서 많은 사람들의 관심을 모으고 있는 걷기운동을 상세하게 설명. 걷기시 필요한 장비, 올바른 걷기 자세를 설명하고 고혈압 · 당뇨병 · 비만증 · 골다공증 등 성인병과 관련해 걷기운동을 했을 때 얻을 수 있는 효과를 수록하여 성인병을 예방하고 치료할 수 있도록 하였다.
대국전판 / 280쪽 / 10,000원

우리 땅 우리 문화가 살아 숨쉬는 옛터 이형권 지음
우리나라에서 가장 가보고 싶은 역사의 현장 19곳을 선정, 그 터에 어린 조상의 숨결과 역사적 증언을 만날 수 있는 시간 제공. 맛있는 집, 찾아가는 길, 꼭 가봐야 할 유적지 등 핵심 내용 선별 수록.
대국전판 올컬러 / 208쪽 / 9,500원

아름다운 산사 이형권 지음
우리나라의 대표적인 산사를 찾아 계절 따라 산사가 주는 이미지, 산사가 안고 있는 역사적 의미를 되새겨 본다. 동시에 산사를 찾으므로써 생활에 찌든 현대인들이 삶의 활력을 되찾는 시간을 갖게 한다.
대국전판 올컬러 / 208쪽 / 9,500원

골프 100타 깨기 김준모 지음
읽고 따라 하기만 해도 100타를 깰 수 있는 골프의 전략 · 전술의 비법 공개. 뛰어난 골프 실력은 올바른 그립과 어드레스에서 비롯됨을 강조한 초보자를 위한 실전 골프 지침서. 4×6배판 변형 / 136쪽 / 10,000원

쉽고 즐겁게! 신나게! 배우는 재즈댄스 최재선 지음
몸치인 사람도 쉽게 따라 하고 배우는 재즈댄스 안내서. 이 책에 실려 있는 기본 동작을 익혀 재즈댄스를 하면 생활 속의 긴장과 스트레스를 털어버리고 활력을 되찾을 수 있으며, 다이어트 효과두 얻을 수 있디.
4×6배판 변형 / 200쪽 / 12,000원

맛과 멋이 있는 낭만의 카페 박성찬 지음
가족끼리, 연인끼리 추억을 만들고 행복한 시간을 보낼 수 있는 서울 근교의 카페를 엄선하여 소개. 카페에 대한 인상 및 기본 정보, 인근 볼거리 등도 함께 수록하여 손안의 인터넷 정보서가 될 수 있게 했다.
대국전판 올컬러 / 168쪽 / 9,900원

맛과 멋이 있는 낭만의
카페

2004년 8월 16일 제1판 1쇄 발행

지은이/박성찬
펴낸이/강선희
펴낸곳/가림출판사

등록/1992. 10. 6. 제4-191호
주소/서울시 광진구 구의동 57-71 부원빌딩 4층
대표전화/458-6451   팩스/458-6450
홈페이지 http://www.galim.co.kr
e-mail galim@galim.co.kr

값 9,900원

ⓒ 박성찬, 2004

ISBN 89-7895-173-2 13980

가림출판사 · 가림M&B · 가림Let's의 홈페이지(http://www.galim.co.kr)에 들
어오시면 가림출판사 · 가림M&B · 가림Let's의 신간도서 및 출간 예정 도서를
포함한 모든 책들을 만나실 수 있습니다.
온라인 서점을 통하여 직접 도서 구입도 하실 수 있으며 가림 홈페이지 내에서
전국 대형 서점들의 사이트에 링크하시어 종합 신간 안내 및 각종 도서 정보,
책과 관련된 문화 정보를 받아보실 수 있습니다.
또한 홈페이지 방문시 회원으로 가입하시면 신간 안내 자료를 보내드립니다.